Fiona Danks
Jo Schofield

Spielplatz Natur

Mit Kindern die Natur spielerisch entdecken, erleben und gestalten

AT Verlag

Für Connie, Dan, Edward, Hannah und Jake –
und den Naturforscher in uns allen.

Die Originalausgabe dieses Buches ist unter dem Titel
»Nature's Playground« 2005 bei Frances Lincoln,
London, erschienen.

Aus dem Englischen übersetzt von Barbara Imgrund.

2. Auflage 2012

AT Verlag, Baden und München
Druck und Bindearbeiten: Offizin Andersen Nexö, Leipzig
Printed in Germany

ISBN 978-3-03800-379-3

www.at-verlag.ch

INHALT

GEHEN WIR NACH DRAUSSEN

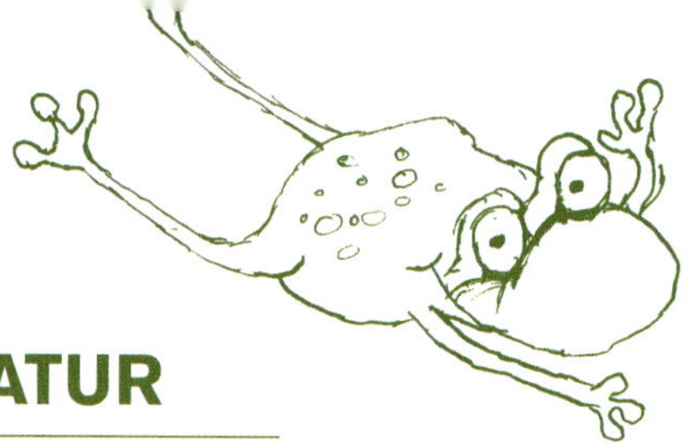

SPIELPLATZ NATUR

Stellen Sie sich vor, wie Kinder hoch oben in den verzweigten Ästen eines alten Baums herumturnen oder einen munteren Bach mit Stöcken und Steinen stauen. Stellen Sie sich vor, wie sie tief im Wald Pfeil und Bogen anfertigen oder eine zerknitterte Libelle bestaunen, die gerade ihrem Kokon entschlüpft. Das alles ist mit Spielen im Freien gemeint – fantasievolle Spiele, aufregende Abenteuer und erstaunliche Entdeckungen. In der Natur kann man Erkenntnisse gewinnen, man lernt, Risiken einzuschätzen, Vertrauen aufzubauen, und man kann sich ins Reich der Fantasie flüchten. Dieses Buch ermutigt Erwachsene und Kinder dazu, sich gemeinsam für die Natur zu begeistern – und vor allem draußen in der Freiheit Spaß zu haben.

> Behandelt die Erde gut. Sie ist euch nicht von euren Eltern geschenkt, sie ist von euren Kindern geliehen. *Sprichwort der amerikanischen Ureinwohner*

Die Sonne scheint einladend zum Fenster herein. Draußen, in der Frühlingssonne, entfalten sich die Blätter an den Bäumen, die ersten Schwalben schießen durch die Luft, und der nahe Teich wimmelt von zappelnden Kaulquappen. Drinnen hängen die Kinder lustlos herum, sehen fern, spielen Computerspiele und zanken sich wegen nichts und wieder nichts. Frische Luft und Bewegung würde ihnen gut tun, aber der gut gemeinte Vorschlag, spazieren zu gehen, wird mit entrüsteten Rufen und Seufzern quittiert: »Ich bin sooo müde.« Klingt das vertraut in Ihren Ohren? Erinnert es Sie an Tage, an denen offenbar nichts auf der Welt Ihre missmutigen Kinder dazu bewegen kann, den Fernseher auszuschalten, die Schuhe anzuziehen und nach draußen zu gehen?

Das muss nicht so bleiben. Stellen Sie sich vor, die Rollen wären vertauscht, Ihre Kinder wären kaum zu bändigen und würden Sie auf große Abenteuertour nach draußen zerren. Vielleicht würden sie ein Geheimversteck bauen und ihre Überlebenskünste erproben, winzige Elfenwohnungen gestalten oder die Lebewesen im nahen Teich auskundschaften. Sie könnten auch nach natürlichen Schätzen suchen, Blätter und Kerne sammeln, um daraus einen fliegenden Teppich zu machen, oder körbeweise Wildfrüchte für einen selbst gebackenen Kuchen pflücken. Wenn jeder Gang nach draußen mit einer wagemutigen Expedition oder einer neuen Entdeckung verbunden wäre, würden die Kinder darum betteln hinauszugehen – um ihr Versteck fertigzubauen, auf noch einen Baum zu klettern oder noch mehr Kaulquappen zu suchen.

Wenn sie die Gelegenheit dazu bekommen, können Kinder im Freien Wunderbares und Aufregendes entdecken. Doch viel zu oft stürmen die Erwachsenen blind durch die Natur und zerren ihre Kinder hinter sich her. Wenn Sie sich Zeit nehmen, anzuhalten und auf Forschungsreise zu gehen, werden Ihre Ausflüge allen viel mehr Spaß machen. Dieses Buch ermutigt Familien, ihren Erfahrungsbereich im Freien zu erweitern, in die Natur einzutauchen und ihrer Vorstellungskraft Flügel zu verleihen. So kann aus einem Spaziergang durch vertraute Gefilde eine gefährliche Jagd nach Dinosauriern (auch als Eidechsen bekannt) werden, die sich in der Sonne wärmen; aus einem Spaziergang an einen Teich wird eine Regatta zwischen Booten aus Zweigen durch wilde Wasser. Dabei muss gar nicht jede Minute des Tages von Lärm und Geschäftigkeit erfüllt sein. Kinder können auch stille Momente genießen, wenn sie von zirpenden Grillen umgeben im hohen Gras liegen oder auf sonnenwarmen Felsen faulenzen und dem Kommen und Gehen von Ebbe und Flut in einem Gezeitentümpel zusehen.

Viele Eltern und Großeltern hegen Kindheitserinnerungen an endlos lange Tage der Freiheit, Tage, an denen

sie morgens aus dem Haus geschickt und nicht vor dem Abendessen zurückerwartet wurden. Sie hatten keine Computerspiele, Handys, MP3-Player oder Internet – sie hatten nur Freunde, mit denen sie zum Spielen nach draußen gingen. Heute haben sich die Bedingungen der Kindheit verändert, und viele Großeltern blicken alarmiert auf eine materialistische Generation, die mit Plastikspielzeug überhäuft wird, aber keine Gelegenheit mehr erhält, ihre eigenen Fantasien auszuleben.

> Das Spiel im Freien sollte ein elementarer Bestandteil der Kindheit sein. Und doch laufen wir Gefahr, unsere Kinder in stickige Kinderzimmer zu verbannen ...

Das Spiel im Freien sollte ein elementarer Bestandteil der Kindheit sein. Und doch laufen wir Gefahr, unsere Kinder in stickige Kinderzimmer zu verbannen und sie mit elektronischen Hilfsmitteln ruhigzustellen. Kinderorganisationen fordern, dass jedes Kind das Recht haben sollte, in Sicherheit in der Nähe des elterlichen Zuhauses spielen zu können; doch allzu oft werden Kinder von intoleranten Erwachsenen davon abgehalten, draußen zu spielen, weil sie angeblich zu viel Ärger und Lärm machen. Da sich Kinder immer weniger bewegen und ihr Leben immer mehr im Sitzen stattfindet, wächst zudem die Besorgnis über die zunehmende Fettsucht im Kindesalter und andere physische und emotionale Gesundheitsprobleme.

Dabei ist die Natur heute immer noch ein Spielplatz, ein Ort für unverfälschten, nicht reglementierten und gesunden Spaß. Nicht weit von unserem Zuhause sprudelt eine Quelle aus dem Boden, füllt einen überwucherten Teich und ergießt sich dann in einen Bach. Der zwölfjährige Edward und seine Freunde haben dort schon viele glückliche Stunden verbracht, sind auf die umstehenden Weiden gekraxelt, haben Verstecke gebaut und Frösche und Molche gesucht. Sie können tun, wonach ihr Herz begehrt, und ihre eigenen Abenteuer erleben.

Draußen im Freien kann die ganze Familie viel Spaß erleben, auch ohne Geld für teures Spielzeug oder Freizeitparks auszugeben. Kinder spielen und lernen, indem sie sich von ihren eigenen Interessen und ihrer eigenen Begeisterung leiten lassen. Aus Kindern, die ihre Umgebung schon früh erkunden, werden neugierige Erwachsene, die mehr von der Welt wissen wollen. Natürlich wünschen wir uns, dass unsere Kinder auch mit Computern und all den Fertigkeiten aufwachsen, die sie zum Überleben in der modernen Welt brauchen; richtig ist hier der Mittelweg. Kinder müssen lernen, sich der Werkzeuge des 21. Jahrhunderts zu bedienen, ohne ihre angeborene Liebe und Achtung vor der Natur zu verlieren.

Leider wachsen viele Kinder der Natur entfremdet auf und sehen sie als etwas Bedrohliches an, weil hier die harten Kanten der »Zivilisation« fehlen. In unserer blinden Hast, mit der wir der Veränderung und dem »Fortschritt« nachjagen, entfernt sich unser Leben immer weiter von natürlichen Rhythmen; manche Menschen scheinen gar ängstlich darauf bedacht, die Natur auf Abstand zu halten. Das Leben unserer Vorfahren war noch vollständig in natürliche Zyklen eingebettet; sie sahen sich als Teil der Welt und wussten sie zu gebrauchen, ohne sie zu missbrauchen. Heute beschränkt sich der Kontakt vieler Menschen zur Natur darauf, die Sonne oder die Nässe des Regens zu spüren, auch wenn unser Leben noch immer auf natürlichen Rhythmen beruht.

Um die Natur zu schützen, muss man sie lieben und verstehen, und dafür wiederum muss man sie erforschen, sich an ihr freuen und unsere Abhängigkeit von ihr erkennen. Wir müssen alles Trennende zwischen der Natur draußen und uns selbst abstreifen und unseren Kindern Gelegenheit geben, wieder Kontakt zu ihr aufzubauen. Kleine Kinder hegen eine echte, tiefe Liebe zur Natur, eine unersättliche Neugier und einen Sinn für das Wunder winziger Kleinigkeiten. Sie bestaunen mit offenem Mund einen Marienkäfer, der einen Halm hinaufkrabbelt, oder hocken sich auf den Boden, um eine Ameisenarmee dabei zu beobachten, wie sie ein Blatt zu ihrem Ameisenhaufen trägt. Sie blasen Pusteblumen und und schauen den Fallschirmen beim Wegfliegen zu. Sie zupfen Blütenblättchen und zählen ab: »Er liebt mich, er liebt mich nicht.«

> Kleine Kinder hegen eine echte, tiefe Liebe zur Natur, eine unersättliche Neugier und einen Sinn für Wunder.

Draußen zu sein weckt die Ausgelassenheit in den Kindern, die Lust, durch den Wind zu laufen, sich Grasabhänge hinabzurollen, Bäche hinaufzupaddeln, am Strand Rad zu schlagen oder barfuß im Regen zu tanzen. Wenn sie einmal draußen sind, kommt die Motivation und Fantasie zum Spielen von selbst; aber auch dann brauchen sie immer noch verantwortungsvolle Erwachsene, die die Zeit und Energie finden, sie mitzunehmen – und die ein paar Spielideen in petto haben.

Wenn Sie Eltern, Großeltern, Onkel oder Tanten, Paten, Betreuerinnen, Babysitter, Erzieherinnen oder Lehrer sind – wenn Sie also in irgendeiner Weise durch Familie oder Arbeit für Kinder Verantwortung tragen –, wird Ihnen dieses Buch vielfältige Anregungen und praktische Ideen liefern, wie Sie zusammen mit Kindern die Natur erkunden können. Das Wichtigste ist ohnehin, die Freude und Begeisterung des Kindes zu teilen, ob es nun einen Schmetterling oder Wurm, eine Vogelfeder oder einen Kaninchenschädel entdeckt hat.

DAS ABENTEUER SUCHEN

Schreckliche Bilder schossen uns durch den Kopf, während wir auf der Suche nach unseren vermissten Söhnen verzweifelt den Wald absuchten. Auf einem langen Spaziergang mit mehreren Familien hatte die Rasselbande die Vorhut gebildet, aber mein zwölfjähriger und der sechsjährige Sohn eines Freundes hatten die falsche Abzweigung genommen und sich von den anderen entfernt. Sie fehlten schon etwa eine halbe Stunde, bevor wir überhaupt merkten, was los war. Wir hatten wohl einen knappen Kilometer zurückgelegt, als wir die beiden Jungen nebeneinander her schlendernd entdeckten. Unsere erleichterten Umarmungen nahmen sie beiläufig hin, während sie aufgeregt von ihrem Abenteuer plapperten. Der Jüngere hatte auf die Hilfe des Älteren vertraut, und der hatte sich der Herausforderung gestellt; sie hatten ihre Spuren zurückverfolgt und herausgefunden, wo sie falsch gegangen waren. Obwohl es nicht hätte passieren dürfen, hatte diese Erfahrung den beiden Jungen etwas Wertvolles vermittelt.

Als Eltern und Betreuer sind wir verantwortlich für die Gesundheit und Sicherheit der Kinder. Das bedeutet aber nicht, dass wir sie in völlig risikofreier Umgebung verhätscheln sollten. In unserer zunehmend sicherheitsfanatischen Gesellschaft, die sogar den Naturkundeunterricht als potenziell gesundheitsgefährdend betrachtet, werden die Kinder aus Angst vor Unfällen, Verkehr und Entführung nicht gerade dazu ermuntert, hinauszugehen und im nahen Wald oder Park zu spielen. Viele Eltern ziehen es vor, ihre Kinder drinnen zu behalten, festgenagelt vor dem Fernseher oder der Playstation; sie sind zwar nicht dagegen, dass ihre Kinder nach draußen gehen, haben aber Angst, es zuzulassen. Auch wenn diese Ängste durchaus reell sind, wollen und brauchen junge Menschen die Gelegenheit, draußen zu spielen. Wir sollten uns mit der Tatsache anfreunden, dass gewisse Risiken von den Medien übertrieben werden, und versuchen, unseren Kindern das Wissen zu vermitteln, wie sie mit der Welt draußen umgehen sollen.

> Das Leben ist voller Risiken; daher bereitet man Kinder am besten auf das Leben vor, indem man ihnen beibringt, selbst Risiken einzuschätzen.

Jungtiere lernen zu überleben, indem sie miteinander potenziell gefährliche Situationen durchspielen. Dabei werden sie allmählich immer mutiger und erweitern ihre Grenzen. Das Leben ist voller Risiken; daher bereitet man Kinder am besten auf das Leben vor, indem man ihnen beibringt, selbst Risiken einzuschätzen. Natürlich kann es in der Natur gefährlich werden: Da gibt es We-

sen, die beißen, kratzen und stechen, und Dinge, die man nicht essen darf, es gibt Wasser, in dem man untergehen kann, Bäume und Felsen, von denen man fallen, und Wald, in dem man sich verirren kann. Aber es gibt keinen Grund, Kindern den Aufenthalt dort zu verbieten. Versuchen Sie, ihnen das Wissen zu vermitteln, das sie brauchen, um unversehrt zu bleiben. Kinder, die wissen, wie man mit einem Taschenmesser schnitzt und schneidet, verletzen sich weniger als Kinder, die keine Ahnung davon haben.

Wir wollen Eltern und Betreuer ermutigen, die Natur mit ihren Kindern zu erkunden, und Familien dabei unterstützen, etwas wagemutiger zu werden. Eltern sollten aufhören, Gewissensbisse zu haben, nur weil sie loslassen. Die Erforschung der Natur zusammen mit den Kindern bringt es mit sich, dass man mit ganzem Herzen an ihren Spielen und Abenteuern – sei das im hohen Gras Versteckenspielen oder Matschkuchenbacken – teilnimmt oder aber daneben steht, den Kindern Raum und Freiheiten zugesteht und zulässt, dass sie ein paar Fehler machen. Wenn sie sich das Knie aufschürfen, sich an einem scharfen Grashalm schneiden oder barfuß auf einen Dorn treten, hilft ihnen das zu lernen, dass sie beim nächsten Mal vorsichtiger sein müssen. Wichtig ist, irgendwo im Hintergrund bereitzustehen, einzuschreiten, wenn es nötig wird, und aufzupassen, dass ihnen nichts Ernsthaftes zustößt.
Einige grundlegende Sicherheitstipps finden Sie auf Seite 186.

FÜR JEDEN ETWAS

Dieses Buch soll allen etwas bieten: Sei es, dass Sie und Ihre jungen Freunde ihren Wissensdrang, ihre Kreativität oder ihre Fantasie ausleben wollen, sei es, dass die Kinder Dampf ablassen müssen oder eine kleine Auszeit brauchen, oder sei es, dass Sie einen Familienspaziergang machen und neues Terrain erkunden wollen. Sie finden hier eine breite Auswahl an Aktivitäten, die sich in fünf Kategorien einteilen lassen: auf Entdeckungsreise gehen, Abenteuer erleben, Fantasien ausleben, kreativ sein und alle Sinne benutzen.

Auf Entdeckungsreise gehen Sie werden sehen: Kinder sind unglaublich neugierig auf die Natur – die Herausforderung ist, zu verhindern, dass sie diese Neugier verlieren! Nähren Sie diesen kostbaren Sinn für die kleinen Wunder und leiten Sie die Kinder an, für sich zu entdecken, was unter den Steinen im Garten lebt oder in den Gezeitentümpeln am Strand. Statt sie nur mit Informationen aus zweiter Hand zu versorgen, geben Sie ihnen den Raum, ihre eigenen Entdeckungen zu machen. Ein wenig Einfühlungsvermögen und Begeisterung ist alles, was Sie brauchen, um die Liebe der Kinder zur Natur zu fördern; fundiertes Wissen in Naturkunde ist gar nicht nötig. Für Kinder, die mehr wissen wollen, gibt es genug gute Bücher und Pfadfinder- oder andere Vereine.

Um die Vielfalt der Natur umfassend schätzen zu lernen, müssen wir sie auf möglichst viele verschiedene Arten erforschen.

Abenteuer erleben Die Natur hält aufregende Spielplätze bereit, auf denen die Kinder balancieren, klettern, springen, schaukeln und sich verstecken können. Ein kleiner Hain kann so zu einem gefährlichen Wald werden, den zu erkunden tapfere, bis an die Zähne bewaffnete Abenteurer ausziehen; oder zum Versteck eines Geächteten, den Robin Hood und seine Getreuen beschützen müssen. Jeder Platz in der Natur eröffnet Raum für Abenteuer, Überraschungen und Erfahrungen, die bei Kindern die Bildung von Selbstvertrauen und Mut fördern.

Fantasie ausleben Lassen Sie Ihren Kindern Zeit, in ihre Spiele einzutauchen, ohne gestört zu werden. Wo auch immer sie sind, werden sie Materialien aus der sie umgebenden Natur in ihre eigene geheime Welt integrieren, in die ihnen Erwachsene nicht folgen können. Einige Kinder brauchen vielleicht einen kleinen Anstoß, um den Funken ihrer Fantasie zu entzünden: Vielleicht sind vom Baum gefallene Weidenkätzchen Raupen auf der Suche nach einem Zuhause, ist ein Haufen Kieselsteine ein zerstörtes Schloss, ein altes Versteck von Fremden der Unterschlupf eines Helden … Sie könnten auch ein Lieblingsbuch oder einen Film als Aus-

gangspunkt eines Spiels benutzen, bei dem die Kinder in die Rollen der einzelnen Figuren schlüpfen.

Kreativ sein Matsch, Sand und Eis kann man modellieren und formen; aus Stöcken und Steinen kann man Türme und Skulpturen erschaffen; aus Muscheln, Blättern, Blüten und Kernen lassen sich Collagen, Mobiles oder Verzierungen gestalten. Versuchen Sie, möglichst auf künstliches Material zu verzichten – vielleicht lassen sich Dornen als Nadeln gebrauchen, Grashalme als Schnur oder Wasser und Schlamm als Kleber. Vielleicht wollen die Kinder draußen im Wald oder am Strand etwas bauen und nach ein paar Tagen wiederkommen, um zu schauen, was die Zeit und die Elemente damit angestellt haben; oder sie ziehen es vor, Federn und Herbstblätter zu sammeln, nach Hause mitzunehmen und daraus etwas Haltbareres zu machen.

Wenn wir mit Materialien aus der Natur kreativ umgehen, lernen wir sie neu und anders schätzen. Ein Zweig wird dann nicht länger nur ein alter Zweig sein, sondern einer, der die perfekte Länge und Farbe hat, um ein Ornament zu vollenden. Ein gepflückter Löwenzahn liefert vielleicht das Rohmaterial für eine Collage. Eine Muschel vom Strand könnte sich als das passgenaue Teilchen herausstellen, das ein Mosaik im Sand komplettiert.

Alle Sinne benutzen Die Natur eröffnet uns auch Gelegenheiten zu stillen Erfahrungen und zum Nachdenken. Um die Vielfalt der Natur umfassend schätzen zu lernen, müssen wir sie auf möglichst viele verschiedene Arten erforschen. Ermuntern Sie Ihre Kinder dazu, statt ihrer Augen auch mehr ihre übrigen Sinne einzusetzen. Vielleicht wollen sie an Kräutern und Blumen schnuppern, wilde Brombeeren probieren, sich an einem ganz besonderen Platz niederlassen, um den Geräuschen der Natur zu lauschen, oder sich die Augen verbinden lassen und einen moosigen Baumstumpf mit den Fingern erforschen. In diesem Buch finden Sie eine Reihe von Aktivitäten, die das sensorische Bewusstsein für die Umwelt schulen und Zeit zum Fühlen, Riechen, Schmecken und Hören wie auch zum Sehen lassen.

TIPPS FÜR DEN AUFENTHALT IN DER NATUR

An den Aktivitäten in diesem Buch können Familien oder Gruppen verschiedenster Zusammensetzung und zu verschiedenen Jahreszeiten ihren Spaß haben. Die folgenden Tipps können beim Erkunden des Spielplatzes Natur hilfreich sein.

- Ermuntern Sie die Kinder immer wieder zu Aktivitäten. Lassen Sie sich selbst von der Begeisterung der Kinder anstecken; vielleicht helfen sie Ihnen ja auch, den Zauber Ihrer eigenen Kindheit wiederzuentdecken.
- Lassen Sie die Kinder bei der Planung des Ausflugs (vielleicht unter einem bestimmten Motto) helfen. Kinder mögen es, wenn sie im Vorfeld einbezogen werden.
- Seien Sie darauf gefasst, dass Sie den ursprünglichen Plan verwerfen müssen, wenn sich etwas Besseres ergibt. Das Leben vieler Kinder ist minutiös durchgeplant und bewegt sich von einer organisierten Beschäftigung zur nächsten. Daher sollten Sie ihnen gestatten, spontan zu sein und ein Spiel aus dem Augenblick heraus zu erfinden, wenn sich das für sie richtig anfühlt. Es macht nichts, wenn aus einer Teichexpedition eine Bastelstunde für Binsenboote wird oder wenn ihnen ein Baum in die Quere kommt, der dringend erklettert werden will, oder ein moosiger Holzklotz, den man näher untersuchen muss.
- Tun Sie sich mit anderen zusammen. Kinder gehen gern mit Freunden auf Erkundungstour.
- Denken Sie daran, dass in der Natur immer etwas Interessantes passiert – es ist nur die Frage, ob man es bemerkt.
- Achten Sie ebenso auf die kleinen Dinge wie auf die großen.

- Warum bis zum Sommer warten? Gehen Sie mit den Kindern das ganze Jahr über nach draußen, damit sie die natürlichen Zyklen besser kennenlernen. Suchen Sie dieselben Orte immer wieder auf, um zu sehen, wie sie sich mit den Jahreszeiten verändern.
- Geben Sie den Kindern Raum, um ihre eigenen Entdeckungen zu machen, und suchen Sie, wenn Fragen aufkommen, gemeinsam nach den Antworten. Machen Sie sich keine Gedanken, wenn Sie etwas nicht wissen.
- Lassen Sie zu, dass die Kinder völlig in die Natur eintauchen. Erlauben Sie ihnen, in einem Sommergewitter bis auf die Haut nass zu werden oder sich von Kopf bis Fuß mit Schlamm vollzuspritzen; lassen Sie zu, dass sie Hände und Arme mit Brombeersaft beschmieren oder sich in frisch gemähtem Gras balgen. Lassen Sie ihnen die Freiheit herumzualbern, sich schmutzig zu machen und einfach ihren Spaß zu haben.
- Die Natur kann grausam sein – letzten Endes geht es immer um das Überleben des Stärkeren. Verheimlichen Sie das den Kindern nicht. Sie werden Zeichen räuberischer Jagd sehen – einen blutigen Klumpen Vogelfedern, einen Schwimmkäfer, der einer Kaulquappe das Leben aussaugt, oder den geliebten Hund, der ihnen stolz ein totes Kaninchen vor die Füße legt. Helfen Sie ihnen zu verstehen, dass jede Spezies ihren eigenen Überlebensmodus finden muss.
- Lassen Sie nicht zu, dass die Kinder zu laut und übermütig werden; sie könnten die Tiere stören oder anderen die Freude an der Natur verderben.
- Begeisterung muss manchmal gebändigt oder vielleicht umgelenkt, sollte aber nie unterdrückt werden. Vor einigen Jahren entdeckte ein Junge auf einem Spaziergang durch ein Naturschutzgebiet, dass der Regen Unmengen großer schwarzer Nacktschnecken aus ihren Verstecken gelockt hatte. Er zog sich das T-Shirt aus und begann sich so lange Schnecken auf die Brust zu kleben, bis er über und über mit den schleimigen, schlüpfrigen Leibern bedeckt war. Wir alle sahen ihm verblüfft und auch entsetzt zu, doch niemand versuchte, seine Begeisterung zu bremsen. Am Ende des Spaziergangs setzte er die Schnecken wieder liebevoll auf dem Boden ab. (Ich denke oft darüber nach, wie man diese sehr spezielle Begeisterung wohl hätte umlenken sollen!)

- Erwarten Sie nicht, dass es einfach wird. Natürlich wird es Momente geben, in denen die Kinder müde sind, nörgeln, jammern und nach Hause wollen; dann helfen meist Schmeicheln und ein paar Süßigkeiten. Auf einem Ausflug verkündeten die Kinder beim Blick auf den hohen Hügel, den sie erklimmen sollten, dass sie zu müde dazu seien. Aber mit etwas Aufmunterung und ein wenig Bestechung erreichten sie doch den Gipfel und bestaunten die Landschaft, die sich wie eine Flickendecke unter ihnen ausbreitete.
- Denken Sie immer daran, Ihrer Umwelt mit Achtung zu begegnen, und verlassen Sie jeden Ort so, wie Sie ihn vorgefunden haben. Helfen Sie den Kindern, die Natur zu erforschen, ohne ihr fragiles Gleichgewicht zu stören.
- Führen nicht Sie die Kinder – lassen Sie sich von ihnen führen.

WOHIN DES WEGES?

Einige der meistbesuchten Orte der Welt werden für ihre schöne und erhabene Natur geschätzt, seien es hohe Bergketten oder wilde Küsten. Solche Orte ermöglichen uns eine Flucht aus unserer hektischen Welt. Echte Wildheit lässt sich aber auch in unmittelbarer Nähe finden. Werfen Sie einmal einen Blick ins hohe Gras im Garten, zwischen die Bäume im Park oder unter die Hecke neben dem Trampelpfad. Einige der hier beschriebenen Aktivitäten eignen sich am besten für den Wald, die Küste oder einen abgelegenen Naturpark, andere wiederum sind geradezu ideal für die Parks und Gärten in den Städten – auch diese Orte bieten überraschend vielen Arten einen Lebensraum.

Sofern Sie nicht befugt sind, privaten Grund und Boden zu betreten, sollten Sie nur Orte erkunden, die der Öffentlichkeit zugänglich sind. Dazu zählen etwa:

- Naherholungsgebiete. Sie dienen Erholungszwecken und sind oft am Rand bebauter Zonen oder auf dem Land zu finden.
- Reitwege und Fußpfade. Sie werden oft von Hecken und Bereichen ungestörten Graslands und Unterholzes begrenzt. Die Wege stellen nicht nur selbst wichtige Lebensräume dar, sondern verbinden auch größere Naturräume miteinander.
- Landstraßen und Feldwege oder stillgelegte Eisenbahntrassen. Auch hier finden sich unversehrte Seitenstreifen und dichte Hecken.
- Spielwiesen und Erholungsstätten. Auch wenn hier zu Sportzwecken oft gemäht wird, sind diese Orte oft von Bäumen und Hecken umgeben und haben sich wilde Ecken bewahrt.
- Offene Flächen in Stadtgebieten. Dazu zählen Parks, Fluss- und Kanalufer. Vergewissern Sie sich, dass sie sicher zugänglich sind.
- Gärten und Schulanlagen. Viele Aktivitäten eignen sich auch für diese Bereiche, besonders, wenn dort ein wenig Unkraut wuchern darf.

- Strände
- Naturschutzgebiete und Nationalparks
- Forste und Baumgärten

WAS SIE BRAUCHEN

Erfolgreiche Forschungsreisende sind immer gut ausgerüstet, um auf alle Eventualitäten vorbereitet zu sein. Das mag für einen Spaziergang auf der Straße ein wenig übertrieben erscheinen, aber man weiß ja nie, was Kinder entdecken könnten oder was ihre Fantasie weckt. Ob Sie einen Berg besteigen wollen, ein Versteck im Wald bauen möchten oder einfach nur zum Kanal am Ende der Straße wollen, es ist gut, für alles gewappnet zu sein. Geeignete Kleidung und ein Abenteuerrucksack, der Naschereien und nützliche Dinge wie kleine Schachteln und ein Sieb enthält, wird Kinder bei jedem Wetter bei Laune halten.

KLEIDUNG

Praktische, bequeme Kleidung ist angesagt; lassen Sie daher die coole Jeans oder das neue T-Shirt im Schrank. Es wäre schade, wenn Sie sich die Lieblingsklamotten an Dornen aufreißen oder mit Beeren beflecken und sich so das Abenteuer verderben; ermuntern Sie die Kinder also, alte Sachen anzuziehen. Und nehmen Sie Ersatzkleidung mit, für den Fall, dass sich das Wetter ändert oder jemand ins Wasser fällt. Weitere Informationen zu geeigneter Kleidung entnehmen Sie den Abschnitten »Bereit für den Sommer« (Seite 65) und »Bereit für den Winter« (Seite 117).

SCHUHE

Die Schuhe sollten ebenfalls bequem und praktisch sein, geeignet sind alte Turnschuhe, Gummistiefel oder Wanderschuhe. Für Schlamm, Pfützen und Bäche sind Gummistiefel die beste Wahl, aber bei längeren Ausflügen und Baumkletteraktionen bevorzugen Kinder eher ein Paar feste, gut sitzende Schuhe, die den Knöcheln Halt geben.

ERSTE-HILFE-SET

Es ist eine gute Idee, immer ein kleines Erste-Hilfe-Set dabeizuhaben. Ein Pflaster auf einen Schnitt oder etwas Salbe auf einen Insektenstich wirkt bei Kindern Wunder! Das Erste-Hilfe-Set sollte Folgendes enthalten:

- Pflaster für kleinere Schnitte, Kratzer und Blasen
- Antiseptische Salbe zur Desinfektion kleinerer Wunden
- Antihistaminsalbe gegen Insektenstiche und -bisse
- Arnikasalbe gegen Blutergüsse
- Sonnencreme mit hohem Lichtschutzfaktor

ERFRISCHUNGEN

Kleinen Kindern kann ziemlich plötzlich die Energie ausgehen. Egal, wie lange Ihre Expedition dauert, nehmen Sie immer etwas zu trinken und zu essen mit. Wenn die Kleinen müde werden oder das Interesse verlieren, suchen Sie einen Platz für eine kleine Pause.

- Nehmen Sie reichlich Wasser mit. Das ist auch nützlich zum Händewaschen oder zur Wundreinigung.
- Sie sollten immer kohlenhydratreiche Snacks dabeihaben. Süßigkeiten liefern sofort Energie, aber die Kohlenhydrate in Brot oder Getreideprodukten stellen längerfristig Energie zur Verfügung.
- Frisch- und Trockenobst wie Äpfel, Bananen, getrocknete Rosinen und Aprikosen nicht vergessen.
- Kinder lieben Schokolade und Süßigkeiten; versuchen Sie sie aber zum Verzehr gesünderer Lebensmittel anzuhalten und reservieren Sie die süßen Sachen fürs gelegentliche Naschen und als Belohnung.

ABENTEUERRUCKSACK

Unter unserer Treppe liegt ein alter Rucksack, der jederzeit griffbereit ist, wenn es nach draußen geht. Es ist unser Abenteuerrucksack, der voller nützlicher Dinge ist, die uns bei der Erforschung der Natur helfen. So ein Abenteuerrucksack könnte Folgendes enthalten:

- Lupe
- Kleine Schachteln (Plexiglasdosen mit einem Vergrößerungsdeckel sind ideal zum Sammeln und Beobachten wirbelloser Tiere)
- Plastikdosen/-behälter/-tüten, um Tiere zu untersuchen und gesammelte Materialien aufzubewahren
- Alte Pinsel, mit denen man tierische Funde behutsam hochheben kann
- Siebe für Teiche oder Bäche
- Alte Handschuhe (vorzugsweise Gartenhandschuhe)
- Augenbinden/Schals für Blindekuhspiele
- Schnur
- Taschenmesser
- Wasserflasche
- Notizbuch und Stifte
- Erste-Hilfe-Set
- Pfeife
- Andere nützliche Dinge wie Kamera und Fernglas. Manche Familien nehmen Handys mit, aber man sollte sich nicht zu sehr von ihnen abhängig machen.

MIT KINDERN WANDERN

Frischgebackene Eltern, die begeisterte Wanderer sind, können ihrem Hobby relativ unverändert nachgehen, solange das Baby in eine Rückentrage passt; aber sobald das Kind etwas größer und schwerer ist, geht alles einen Schlag langsamer, und der Schritt der Erwachsenen muss sich den kleinen Beinen anpassen. Doch entgegen der Überzeugung mancher Eltern ist es möglich, dass kleine Kinder auch längere Wanderungen bewältigen und sogar ihren Spaß daran haben. Die Erwachsenen müssen vielleicht ihre Erwartungen ein wenig anpassen und die Routen sorgfältiger planen, aber es ist machbar.

Egal, wo Sie wandern möchten, die Kinder werden ganz andere Erwartungen als die Erwachsenen haben. Wir freuen uns allein an der Bewegung und der frischen Luft, der Landschaft und der Gesellschaft, die meisten Kinder aber brauchen ein eher spielerisches Erlebnis. Sie möchten ab und zu stehen bleiben und etwas genauer betrachten.

Meine Tochter Hannah erstieg mit fünf Jahren in glühender Hitze ihren ersten Berg. Wir wählten einen Berg mit einer kurzen Talpassage, danach einem steilen Aufstieg und einer kleinen Felskraxelei bis zum Gipfel. Wir motivierten sie zum Mithalten, indem wir nach Pflanzen und Insekten Ausschau hielten, Lieder sangen und sie kleine Geschenke entdecken ließen, die die Süßigkeitenfee dagelassen hatte. Bei den Felsen angekommen, wollte sie sich unbedingt ihre eigene Route suchen und erreichte triumphierend den Gipfel, eine Insel, auf der ihr die ganze Welt zu Füßen lag. Beim Abstieg konnte sie in einem Bergbach baden und eine Blindschleiche streicheln, die ihr Großvater gefunden hatte. Sie war danach völlig erschöpft, aber wahnsinnig stolz auf ihre Leistung und ganz begierig darauf, mehr von den Bergen zu sehen.

Solche Wanderungen sind sogar im Winter möglich. Jo hielt sich mit ihrer Familie einmal im Februar in einer Schutzhütte auf; sie hofften, Jake, Dan und Connie für die Berge begeistern zu können. Zunächst schien ihnen ihr Plan kaum umsetzbar, ja sogar unverantwortlich, aber mit warmer Kleidung, festen Wanderschuhen, reichlich Proviant, einem Erste-Hilfe-Set und einer guten Karte ausgerüstet, nahmen sie an einem klirrendkalten, klaren Morgen das Abenteuer doch in Angriff. Die Kinder wurden in ihrer lebhaften Fantasie zu Hobbits, die vor den schwarzen Reitern auf der Flucht waren. Das Spiel trieb sie alle vorwärts – und bevor sie es richtig merkten, hatten sie den Gipfel erreicht.

Ob Sie in den Bergen wandern, an der Küste entlang, durch Feld und Wald oder durch einen Park, jeder Ausflug kann ein Spiel werden, eine Expedition oder eine imaginäre Abenteuersuche. Wenn sie flexibel und aufs Spielen eingestellt sind, werden sich manche Erwachsene noch wundern, wie weit ihre Kinder laufen können und wie viel Spaß die ganze Familie an diesem Erlebnis hat.

Kinder sind gar nicht glücklich damit, an allem nur vorüberzugehen; sie möchten stehen bleiben und etwas genauer betrachten.

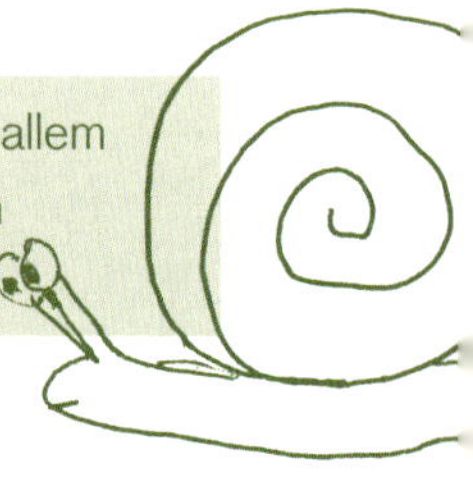

DIE ROUTE PLANEN

Ein langer Trott über gepflügte Äcker oder durch öde Heidelandschaften wird Kinder kaum begeistern. Wenn Sie eine Wanderung planen, sollten Sie das aus der Sicht der Kinder tun. Kann man auf ein paar Bäume klettern, in einem Bach spielen, über Felsen kraxeln oder in einer Talmulde picknicken? Wenn Sie wollen, dass die Kinder am Ende der Wanderung schon nach der nächsten fragen, sollten Sie darauf achten, dass es lustig, aufregend und durchaus auch anspruchsvoll wird.

Die abwechslungsreiche Route Verbinden Sie Streckenabschnitte miteinander, die eine Reihe von Lebensräumen durchqueren. Wenn Sie einen Berg hinauf wollen, könnte der Weg vielleicht in einem Wald beginnen, durch Heide gehen, an einem Bach entlang verlaufen und mit einer Kraxelei hoch zum Gipfel enden. Ein Weg, der sich schlängelt und windet, findet viel Anklang bei kleinen Wanderern; so wissen sie nie, was sich hinter der nächsten Kurve verbirgt …

Die anspruchsvolle Route Kinder ziehen einen schmalen, gewundenen Pfad einem breiten, geradlinigen Weg und Trittsteine durch einen Bach einer Brücke vor. Sie lieben es, über Felsbrocken zu klettern und Sanddünen hinabzurennen. Einen steilen, felsigen Pfad zu erkraxeln ist viel schöner, als einen flachen Hang hinaufzutrotten; auch macht es Kindern Spaß, nach dem nächsten sicheren Halt für Hand und Fuß suchen zu müssen.

Der Rundweg Er ist für alle Beteiligten lohnender. Es ist immer ein wenig enttäuschend, einfach umzudrehen und denselben Weg zurückzugehen, den man gekommen ist.

Kinder in die Planung einbeziehen Beteiligen Sie die Kinder an der Auswahl und Planung der Route. Schauen Sie mit ihnen in die Karte und besprechen Sie, wohin es gehen soll. Vielleicht möchten sie eine Wanderung wiederholen, die sie schon einmal gemacht haben, um ein Versteck zu reparieren oder dem Lieblingskletterbaum wieder einmal einen Besuch abzustatten.

Flexibel bleiben Gehen Sie nicht mit nur einer geplanten Route los; überlegen Sie sich ein paar Alternativen. Bereiten Sie sich darauf vor, auf Dinge zu reagieren, die die Aufmerksamkeit Ihrer Kinder erregen – gönnen Sie ihnen Pausen, in denen sie neue Entdeckungen – zum Beispiel einen Teich voller Molche oder eine Eidechse, die sich sonnt – inspizieren können.

Klein beginnen Den Triumph, auf dem »Dach der Welt« zu stehen, erlebt man nicht nur, wenn man die Zugspitze, das Matterhorn oder die Rocky Mountains bezwungen hat. Fangen Sie klein an, mit einem Hügel oder auch einem Felsen, der sich über die Umgebung erhebt. Nennen Sie ihn den ersten Berg Ihres Kindes und lassen Sie es dieses wunderbare Gipfelgefühl erleben.

Langsam beginnen Die Entfernung, die Sie zurücklegen, ist unerheblich. Was zählt, ist die Freude, draußen zu sein. Der Reichtum der Natur enthüllt sich Ihnen nur, wenn Sie sich Zeit nehmen, ihn zu suchen. Kleine Kinder bleiben gern stehen, um unter einem Holzklotz nach

Käfern und nach Grillen im Gras zu suchen oder Entenküken zu beobachten, die über einen Teich schwimmen.

Ein Ziel vor Augen haben Das mag der Gipfel eines Berges, ein Strand oder ein Seeufer sein, wo Sie vielleicht eine Rast einlegen, um eine Weile zu spielen. Es ist wichtig, sich realistische Ziele zu setzen und dabei das Wandertempo der Kinder zu berücksichtigen. Überlegen Sie sich ein zweites, weniger ehrgeiziges Ziel für den Fall, dass sich das erste als unerreichbar herausstellt.

Aus der Wanderung eine Expedition machen Eine Wanderung bietet die Gelegenheit, etwas zu entdecken – eine Insel vielleicht oder eine Bergfestung. Suchen Sie Orte auf, zu denen die Kinder einen Bezug haben, etwa durch ein Lieblingsbuch oder einen Film. Sie könnten sich an einem See oder am Meer auf die Suche machen nach Taka-Tuka-Land (aus »Pippi Langstrumpf«), im dichten Wald nach Elfen Ausschau halten (aus »Der Herr der Ringe«) oder im Gebirge nach der Zauberschule Hogwarts (aus »Harry Potter«) fahnden.

FÜR DIE WANDERUNG PACKEN

Alles zu Ausrüstung und Proviant finden Sie unter »Was Sie brauchen« auf Seite 22. Hier noch ein paar Extratipps für längere Wanderungen:

Karte und Kompass mitnehmen Das lohnt sich immer, sofern Sie das Gelände nicht gut kennen.

Ein paar Überraschungen einpacken Ideen für Aktivitäten und einige leckere Naschereien liefern schnell wieder Energie.

Den eigenen Rucksack packen Ein echter Forscher packt seinen Rucksack selbst. Lassen Sie die Kinder ihren eigenen Rucksack mit Essen und Getränken, Kompass und Karte, Schnur, etwas Geld, einem Beutel zum Sammeln und einer Lupe packen. (Der einzige Nachteil: Wenn sie müde sind, werden Sie vielleicht am Ende auch den Rucksack der Kinder tragen müssen.)

Respekt vor der Natur Denken Sie daran, dass sich die Wetterverhältnisse sehr schnell ändern können, vor

allem in den Bergen. Hören Sie den Wetterbericht, bevor Sie starten, und bereiten Sie sich mit warmer, wasserdichter Kleidung, Hut und Sonnencreme auf alle Eventualitäten vor.

KINDER BEI LAUNE HALTEN

Wenn die Route geplant ist und alle gut ausgerüstet unterwegs sind, gibt es diverse Möglichkeiten, die Kinder bei der Stange zu halten und dafür zu sorgen, dass sie nicht den Spaß an der Sache verlieren.

Süßigkeitenfee Das ist der ideale Muntermacher. Ein Erwachsener geht ab und zu heimlich vorneweg, um Süßigkeiten am Wegesrand zu verstecken; er legt sie vielleicht auf einen Zaunübertritt, einen Baumstumpf oder einen Felsen, oder er lässt sie von Zweigen herabbaumeln. Kleine wie größere Kinder finden es sehr spannend, nach Naschereien Ausschau zu halten, und folgen eifrig dem Weg auf der Suche nach dem nächsten Ort, an dem die Fee vielleicht ihre Spuren hinterlassen hat.

Wegzeichen folgen Das kann ein angelegter Naturlehrpfad mit Markierungen und Pfeilen sein oder ein Pfad der Marke Eigenbau, bei dem jemand vorausgeht und auf dem Boden mit Mehl oder Zweigen und Steinen Pfeile oder andere Markierungen auslegt. Bei der Suche nach den Wegzeichen auf dem Boden entdecken die Kinder ganz nebenbei vielleicht auch andere Dinge, etwa Tierspuren im Schlamm.

Verstecken spielen Eine Gruppe, darunter ein Erwachsener, versteckt sich an einem Ort, an dem sie vom Weg aus von aufmerksamen Suchern gesehen werden kann. Der Rest der Truppe folgt dem Weg und sucht nach den anderen. Sorgen Sie dafür, dass alle wissen, welchem Weg Sie folgen wollen, denn sonst müssen die Versteckten vielleicht ziemlich lange warten!

Gassi gehen Wenn Sie selbst keinen Hund haben, können Sie sich vielleicht bei Freunden oder Bekannten oder im Tierheim einen ausleihen. Ein Hund ist ein ganz besonderer Anreiz für eine Wanderung und ein neuer Spielkamerad – und er kann helfen, die Kinder im Nu auf den Berg hinaufzubringen.

Mit anderen wandern Wenn sich zwei oder mehr Familien zu einer Wanderung treffen, werden die Kinder fröhlich umherstreifen oder mit ihren Freunden herumtollen; vielleicht tun sie sich auch zusammen, um sich gegenseitig oder um die Erwachsenen zu bespitzeln. Die Eltern-Lehrer-Gruppe an unserer Schule organisiert jeden Frühling einen Familienausflug mit Wanderung. Das ist immer ein beliebtes Ereignis, an dem sogar Familien teilnehmen, die sonst nicht wandern, und ihre Kinder bewältigen vergnügt die vier Kilometer lange Strecke in der Umgebung.

Sammelspiele Mit den Dingen, die man auf einer Wanderung findet, können alle möglichen Sammelspiele gespielt werden. Einmal entdeckten die Kinder ein Schneckenhaus, das ein Vogel auf einem Felsen aufgebrochen hatte; den nächsten Kilometer verbrachten sie damit, nach weiteren Schneckenhäusern zu suchen. Dieses Erlebnis inspirierte sie auch zu neuen

Sammelspielen, darunter dem Wettbewerb darum, wer die meisten Nacktschnecken findet. Einige Fundsachen kann man nach Hause mitnehmen und zum Basteln verwenden: Aus leeren Schneckenhäusern wird vielleicht eine Kette, aus Tannenzapfen und Federn ein Mobile.

Alphabetspiele Man kann nicht nur Materielles, sondern auch Eindrücke sammeln. Eine echte Herausforderung für die ganze Familie ist es, Dinge in der Natur zu entdecken, die der Reihe nach mit den Buchstaben des Alphabets beginnen.

Rollenspiele Ermuntern Sie die Kinder dazu, die Wanderung interessanter zu gestalten, indem sie Anregungen aus ihren Lieblingsbüchern oder -filmen aufgreifen. Kleine Kinder stellen sich vielleicht vor, dass der Weg eine Eisenbahnlinie ist, und sie sind Jim Knopf oder Lukas der Lokomotivführer. Größere Kinder könnten Hobbits auf der Durchreise sein oder Harry Potter, der sich mit Hagrid in den Verbotenen Wald wagt, oder Siedler aus »Unsere kleine Farm« …

Spiel mit natürlichen Materialien Aus langen Blättern können Kaninchenohren werden, aus gegabelten Zweigen Rentiergeweihe und aus Federn ein indianischer Kopfschmuck. Trödelnde Kinder verwandeln sich mit Hilfe von Flügeln aus Blättern in Vögel und vergessen ihre Müdigkeit, während sie den Weg entlangflattern.

Mit Stöcken spielen Stöcke können mehr sein als einfach nur Stöcke. Mit etwas Fantasie werden sie zu Schwertern, Gewehren, Fahnenmasten, Gehstöcken oder Zauberstäben. Sie dienen der Ablenkung und unterstützen die Kinder beim Wandern.

Zu essen sammeln Nehmen Sie auf Spaziergänge im Spätsommer oder Herbst immer einige Behälter mit; sicher finden Sie Himbeeren im Wald, Blaubeeren an sonnigen Hängen oder Brombeeren an Hecken. Sie könnten behaupten, dass die Beeren Zauberkräfte besitzen, die den Kindern das Wandern erleichtern. Sammeln Sie keine Früchte von Pflanzen in der Nähe einer Straße, und sammeln Sie nur, was Sie genau kennen.

Malen und zeichnen Packen Sie Papier, Farben und Stifte ein; manchen Kindern macht es Freude, irgendwo Halt zu machen und zu malen oder zu zeichnen. Es hilft ihnen, die Natur mit anderen Augen zu sehen und genauer auf Farben und Formen zu achten.

Die Gruppe anführen Wenn die Kräfte schwinden, gibt es nichts Schlimmeres, als hinter allen anderen als Letzter herzuschleichen. Lassen Sie nicht zu, dass ein Kind als Schlusslicht die Lust verliert; ermuntern Sie es stattdessen, die Gruppe anzuführen. Wenn die Erwachsenen über Müdigkeit klagen, finden vielleicht die Nachzügler zu neuer Kraft und ziehen die anderen mit!

Das richtige Tempo Die anfängliche Begeisterung könnte nachlassen, sobald die Kinder müde werden. Berücksichtigen Sie immer, wie weit Sie zu gehen haben, und geben Sie ein realistisches Tempo an.

Das Fotomotiv suchen Wer genügend Zeit zur Planung der Wanderung hat, kann den Kindern Fotos von markanten Wegstellen geben und sie herausfinden lassen, wo jedes Foto gemacht wurde.

Karten lesen Lassen Sie ein Kind auf der Karte den Weg suchen. Helfen Sie ihm, Landmarken zu identifizieren, und lassen Sie auch Fehler zu – es gibt wahrscheinlich ohnehin einen anderen Weg, den Sie ebenfalls nehmen könnten.

Verschiedene Tageszeiten wählen Warum nur nachmittags wandern? Machen Sie einmal einen Spaziergang in aller Frühe, um den Stimmen der Morgendämmerung zu lauschen, oder einen Abendspaziergang, um den Sonnenuntergang zu sehen und nach Fledermäusen, Eulen oder Glühwürmchen Ausschau zu halten.

Dies sind nur ein paar Vorschläge, die Ihnen dabei helfen können, Wanderungen für Kinder abwechslungsreicher zu gestalten. Der Rest des Buches handelt nicht so sehr vom Wandern von A nach B, sondern von all den Abenteuern, die man erleben kann, wenn man sich für den Weg ein wenig Zeit nimmt.

FRÜHLING

DER FRÜHLING IST DA!

Jede Jahres- und Tageszeit hat ihre Wunder – die geheimnisvollen Giftpilze im Herbst und der funkelnde Schnee im Winter, die Stimmen der Dämmerung im Frühling und die flatternden Fledermäuse in der Sommernacht. Heute hat der Wandel in der Natur kaum noch direkte Auswirkungen auf das Leben des Menschen. Von vielen unbemerkt gleiten die Jahreszeiten vorüber, bis wir eines Tages bemerken, dass die Osterglocken im Park schon wieder blühen oder die Äpfel im Garten reif sind. Manchmal aber markiert eine plötzliche und dramatische Veränderung den Wechsel der Jahreszeiten – bitterer Frost, ein scharfer Wind, der die Blätter von den Bäumen fegt, oder Regenfälle, die die Flüsse über ihre Ufer treten lassen. Zu den einprägsamsten Naturerlebnissen gehören Wetterumschwünge, wie ein Sommergewitter aus heiterem Himmel oder das rasche Wechselspiel zwischen strahlendem Sonnenschein und schweren Regenschauern im Frühling.

Kinder erkennen jahreszeitliche Veränderungen vor allem daran, dass die längeren Tage und das wärmere Wetter ihnen im Sommer mehr Freiheit lassen, während Winter bedeutet, dass sie mehr Zeit im Haus verbringen müssen. Aber der Spielplatz Natur hat das ganze Jahr über seine Reize, und viele der Spiele und Aktivitäten in diesem Buch setzen den Akzent auf jahreszeitliche Besonderheiten – das neu sprießende Leben im Frühling, den Überfluss des Sommers, den Niedergang im Herbst oder die Winterruhe. In Wirklichkeit geht eine Jahreszeit jedoch nahtlos in die andere über; der moderige Geruch des Herbstes liegt schon in der Luft, lange bevor wir den Sommer loslassen wollen, und mitten im Winter kämpfen sich schon Schneeglöckchen auf der Suche nach Licht aus dem Erdboden.

Der Wechsel der Jahreszeiten wird vielleicht am ungeduldigsten im Frühling erwartet, wenn zunehmende Temperaturen und Sonnenstunden einen verblüffenden

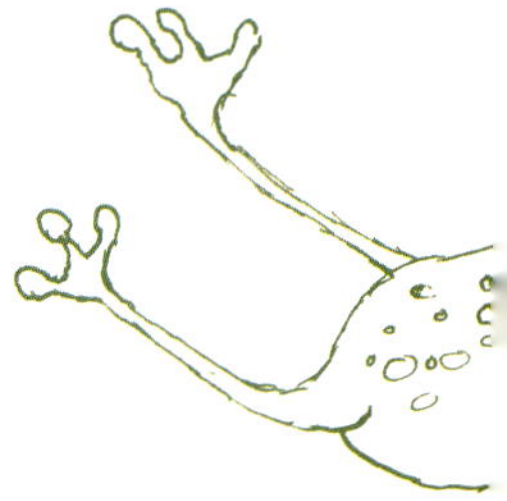

Wandel bewirken. Es ist die Jahreszeit der Premieren – der ersten Blüten, der ersten grünen Schösslinge, der ersten Schwalbe. Der Waldboden explodiert früh im Jahr vor Leben und profitiert von dem Licht, bevor dieses vom Laub der Bäume über ihm abgeschirmt wird. Dann beginnen sich die wartenden Knospen auf den scheinbar leblosen Zweigen zu öffnen; unter dem Einfluss der Sonnenenergie können sich die eng zusammengepackten Blätter entfalten und wachsen. Die Kätzchen von Birke, Erle und Hasel strecken sich zu hängenden Blütenständen. Die meisten Kinder kennen die silbernen Knospen der Weidenkätzchen, aber vielleicht entdecken sie ja auch andere frühe Baumblüher, etwa die verblüffend roten Blüten der Lärche oder die zarten scharlachroten Blüten der Hasel.

Der Frühlingssonnenschein treibt auch alle Tiere ins Freie, die den Winter über geruht oder geschlafen haben. So könnten die Kinder nach Insekten suchen, die aus der Winterruhe erwachen: Schmetterlinge, Bienen und Marienkäfer krabbeln aus ihren Verstecken hervor, um sich in der Sonne zu wärmen. Vögel, die den Winter in wärmeren Klimazonen verbracht haben, kehren zurück, um sich von den immer zahlreicher werdenden Insekten zu ernähren. Man kann Eidechsen auf Steinen oder Holzstapeln entdecken, wo sie sich sonnen, um sich für die Jagd aufzuwärmen. Frösche und Kröten erwachen aus ihrem Schlaf und nehmen Kurs auf die Teiche, in denen sie sich paaren und ihren geleeartigen Laich ablegen werden.

Auch wir spüren vermehrt den Drang, nach draußen zu gehen, die dicken Winterkleider abzulegen, die ersten warmen Sonnenstrahlen auf unserer Haut zu spüren und uns an den längeren Tagen zu freuen. Nehmen Sie die Kinder auf einen Frühlingsspaziergang mit und entdecken Sie mit ihnen die verschiedenen Zeichen des Frühlings. Gehen Sie in der Morgendämmerung in den Wald; da das Unterholz noch licht und der Winterschlaf der Tiere zu Ende ist, ist dies die beste Zeit des Jahres, um nach Wildtieren Ausschau zu halten. Oder gehen Sie einfach los und lassen Sie sich überraschen.

PFEIL UND BOGEN

Ob Ihre Kinder nun Hobbits oder Elfen sind, die auf der Suche nach Orks durch die Wälder streifen, oder Robin Hood und seine Geächteten, die auf der Lauer liegen, um eine vorbeikommende Kutsche zu überfallen – Pfeil und Bogen werden ihren erfundenen Abenteuern Leben einhauchen. Ein funktionstüchtiger Bogen bringt ein aufregendes Kribbeln ins Spiel, aber auch Gefahren – dies ist definitiv eine Beschäftigung, die beaufsichtigt werden muss. Zeigen Sie den Kindern, was sie zu beachten haben, damit nichts passiert.

Pfeil und Bogen selbst herzustellen ist ein beliebter Zeitvertreib bei einem Familienspaziergang oder einer Kinderparty im Freien. Die Kinder können sich damit im Spiel vor Feinden schützen oder auf eine Zielscheibe auf einem Baumstamm oder einen Apfel auf einem Zaunpfahl schießen. Und das Beste von allem: Sie können Pfeil und Bogen, mit nach Hause nehmen und immer wieder benutzen. Sie können sie auf jede künftige Expedition mitnehmen, sodass selbst aus einem kurzen Spaziergang in den nahen Park eine Jagd auf einen arglosen Feind werden kann.

Obwohl Pfeil und Bogen das ganze Jahr über gebastelt werden können, ergibt der im Frühling in den Zweigen aufsteigende Pflanzensaft die stärksten, biegsamsten Bogen. Halten Sie Ausschau nach den schlanken Haselstämmen, die sich gewöhnlich in Hecken und Wäldern finden. Das Zurückschneiden der Hasel bis zur Basis fördert das Wachstum gerader, junger Schösslinge; diese traditionelle Methode der Baumpflege, die man Stutzen nennt, bringt geschmeidige Stämme hervor, die sich für Zäune und Möbel eignen. Das Stutzen der Haselsträucher wurde in den letzten Jahren wiederbelebt und trägt zur Bereicherung des Lebensraums Wald bei; die biegsamen Stangen, die dabei wachsen, sind das perfekte Material für Bogen, die zugleich geschmeidig und stark sind.

DEN BOGEN ANFERTIGEN

Ein Bogen ist gar nicht so leicht herzustellen. Kleine Kinder werden die Hilfe eines Erwachsenen brauchen, besonders wenn es ans Schnitzen geht und der Bogen gespannt werden muss.

DAS BRAUCHEN SIE

- Schnur
- Baumwollfaden
- Scharfes Messer

- Wählen Sie ein lebendes Stämmchen aus und biegen Sie es, um seine Flexibilität und Stärke zu prüfen. Schneiden Sie nur so viele Stämme, wie Sie benötigen.

- Schneiden Sie den Stamm in der gewünschten Länge ab, wobei Sie diese der Größe des Kindes anpassen. Kurze Bogen sind sicherer, da sie unter geringerer Spannung stehen, und möglicherweise von Vorteil, wenn Sie mit mehreren Kindern arbeiten. Sie funktionieren genauso gut und lassen sich leichter handhaben.

- Bringen Sie etwa 2 cm von jedem Ende entfernt Einkerbungen an. Sie dienen dazu, die Sehne des Bogens zu fixieren. Wenn Sie einen gegabelten Stamm benutzen, brauchen Sie keine Einkerbung anzubringen, da die Sehne an der Gabel befestigt werden kann.

- Befestigen Sie die Schnur an der Einkerbung oder der Gabel mit einem Knoten.

- Ziehen Sie die Schnur fest an, sodass sich der Bogen biegt. Spannen Sie die Schnur, indem Sie das lose Ende ein paar Mal um die zweite Einkerbung schlingen, und sichern Sie sie mit einem starken Knoten.

- Stellen Sie sicher, dass die Knoten fest sitzen, sodass der Bogen nicht aus der Halterung springen kann.

DIE PFEILE ANFERTIGEN

- Für die Pfeile benutzen Sie dünne, gerade gewachsene Stecken, etwa tote Zweige, die Sie vom Boden aufsammeln, oder schlanke, entrindete Weiden- oder Haselruten.

- Richtig echt sieht der Pfeil mit einer Befiederung aus gespaltenen Federn aus. Schneiden Sie ein 8 cm langes Stück von einer Feder ab und entfernen Sie einige der Federästchen von jedem Ende des Kiels, bis ein zentrales Stück von etwa 4 cm Länge übrig ist. Spalten Sie die Feder dem Kiel entlang in zwei Hälften. Befestigen Sie diese zu beiden Seiten des Pfeilendes, indem Sie sie mit einem Baumwollfaden umwickeln und mit einem Knoten fixieren.

- Die Kinder können auch ihren eigenen Pfeilköcher herstellen. Dazu kleben sie an einer Versandrolle ein Stück Schnur mit Klebeband fest.

SICHERHEITSTIPPS

- Beaufsichtigen Sie Kinder immer, wenn sie mit Messern hantieren.
- Beim Spannen des Bogens ist die Hilfe eines Erwachsenen nötig.
- Pfeil und Bogen sollten unter der Aufsicht von Erwachsenen benutzt werden.
- Zielen Sie niemals auf Menschen oder Tiere.
- Sorgen Sie dafür, dass alle Kinder ihre Bogen heruntergenommen haben, bevor sie die abgeschossenen Pfeile aufsammeln.

FIGUREN AUS ZWEIGEN

Die alte Kunst des Weidenflechtens wurde in den letzten Jahren von Künstlern wiederbelebt, die abstrakte Formen und Tierfiguren aus Weidenruten fertigen. Als Jo einmal mit ihrer Familie unterwegs war, entdeckten sie einen schönen Hirsch aus Flechtwerk, der auf einer Wiese im Wald äste. Er war von einem unbekannten Künstler sorgsam gefertigt und im Wald zurückgelassen worden, damit andere ihn finden und sich an ihm freuen konnten.

Die Entdeckung regte Jake dazu an, es selbst auszuprobieren und eine eigene Figur aus Zweigen zu fertigen. Er fing mit vier kräftigen Zweigen an, die er in den Boden steckte, und flocht mit seinem Vater Weiden- und Haselruten so zusammen, dass ein kleiner Hirsch entstand. Nach einigem Experimentieren gelang ihnen eine naturnahe Figur, die sie an Ort und Stelle ließen, damit jemand anders sie finden würde.

EINE FIGUR AUS ZWEIGEN HERSTELLEN

Im frühen Frühling ist das Holz biegsam und formbar, was die Arbeit erleichtert. Verwenden Sie lange Ruten von Weide, Hasel oder anderen Sträuchern, aber schneiden Sie immer nur kleinere Mengen von wildwachsenden Pflanzen ab. Diese Beschäftigung eignet sich ideal für den Garten oder Park, wenn nach dem Winter im Frühling die Bäume beschnitten werden, aber auch für den Wald, wo reichlich Material vorhanden ist.

Versuchen Sie, so viel totes Holz wie möglich vom Boden aufzulesen, sodass Sie nur kleine Mengen des lebenden, biegsameren Holzes von den Bäumen schneiden müssen.

DAS BRAUCHEN SIE

- Scharfes Messer
- Alte Gartenhandschuhe

SICHERHEITSTIPP

Kinder, die mit Messern hantieren, sollten stets beaufsichtigt werden.

Kinder möchten vielleicht ein Tier, etwa einen Hirsch, oder eine magische Figur wie einen Drachen herstellen. Oder sie flechten einen Korb, ein Nest oder einen Stuhl – die kreative Entscheidung liegt ganz bei ihnen.

- Beginnen Sie, indem Sie mit toten Zweigen und kleinen Ästen die Hauptstützen formen und dann um sie herum flechten.

- Verwenden Sie nur natürliche Materialien. Grashalme und Geißblatt- oder Efeuranken können als Verbindungsmaterial dienen, falls nötig.

- Es ist zwar nicht schwierig, einfache Figuren anzufertigen, doch das Flechten erfordert viel Geduld und Teamarbeit und ist daher vor allem etwas für größere Kinder oder auch für Erwachsene.

EIN GANZ BESONDERER PLATZ

Hin und wieder brauchen wir alle einen Ort, an den wir uns zurückziehen und durchatmen können. Sie können den Kindern dabei helfen, in der Natur einen Platz zu finden, der ihnen allein gehört, von dem aus sie ihre Umgebung beobachten können und dabei doch stets wissen, dass Sie nicht weit sind. Sogar sehr lebhafte Kinder nehmen gern die Gelegenheit wahr, sich zurückzuziehen; mit etwas Geduld und Glück sehen und hören sie dabei Dinge, die ihnen im normalen Trubel entgehen würden.

Die Natur hat viele Orte zu bieten, an denen man sich ausruhen kann. Die Kinder können sich zwischen Glockenblumen ausstrecken oder sich zwischen den Wurzeln einer Buche verstecken und dabei den Wald um sich herum beobachten; sie können auch am Rand eines Baches sitzen und nach Fischen Ausschau halten, die durchs Wasser schnellen. Diese Beschäftigung ermuntert die Kinder, sich ihr eigenes kleines Königreich zu schaffen, einen Ort, der ihnen allein gehört.

- Fordern Sie jeden Einzelnen in der Gruppe auf, sich in Sichtweite eines vereinbarten Treffpunkts einen Platz zu suchen, an dem er oder sie sich still hinsetzt oder -legt. Jedes Kind sollte sich seinen eigenen Ort wählen – einen, der es anspricht und an dem es sich wohlfühlt.

- Fünf Minuten lang verhalten sich nun alle so ruhig wie möglich, beobachten und lauschen und versuchen, Teil der Umgebung zu werden. Vielleicht bemerken die Kinder dabei Einzelheiten wie zwitschernde Vögel, einen Schmetterling, der sich auf einem Blatt ausruht, einen Käfer, der auf dem Boden vorbeihuscht, oder auch ein Eichhörnchen, das von Ast zu Ast hüpft. Wenn sie sehr still und geduldig sind, werden sie vielleicht durch ganz nahe Begegnungen mit Vögeln und anderen Tieren belohnt.

- Vereinbaren Sie zuvor ein Zeichen, auf das hin jeder seinen Platz verlässt und sich alle wieder versammeln, um zu erzählen, was sie gesehen und gehört haben.

- Die Kinder werden vielleicht bei späteren Ausflügen wieder zum selben Platz zurückkehren wollen, um zu sehen, wie er sich im Verlauf des Jahres verändert.

- Drücken Sie den Kindern einen Bilderrahmen aus Pappkarton in die Hand und bitten Sie sie, ihren Lieblingsblick an ihrem ganz besonderen Platz einzufangen. Wie viele Farben, Formen oder Lebewesen entdecken sie innerhalb des Rahmens?

- Vielleicht wollen die Kinder auch etwas, das sie von ihrem Platz aus sehen, malen oder zeichnen.

SICHERHEITSTIPP

Markieren Sie den zentralen Treffpunkt mit einer Tasche oder einer Jacke, und erklären Sie den Kindern, dass sie nur so weit gehen sollen, dass sie Sie von ihrem Platz aus immer noch sehen können. Das soll sie davon abhalten, sich zu weit fortzuwagen.

SPIELEN AN TEICH UND BACH

Wasser übt eine unwiderstehliche Anziehungskraft auf Kinder aus: Sie lieben es, etwas auf dem Wasser schwimmen zu lassen, zu paddeln und zu planschen, nach Fischen Ausschau zu halten und es zu stauen. Die Erforschung der Unterwasserwelt und der winzigen Lebewesen, die darin leben, ist aufregend und faszinierend. Leben findet sich selbst in den kleinsten Rinnsalen oder verschlammten Teichen, in Gestalt von Fröschen und Kaulquappen, Wasserläufern, die über die Wasseroberfläche gleiten, oder in der großen Vielfalt geflügelter Lebewesen wie Libellen, Wasserjungfern und Eintagsfliegen, die die meiste Zeit ihres Lebens als Larven unter Wasser verbringen. Spiele an Teich und Bach bringen Kinder jeden Alters zusammen; sie begutachten gegenseitig ihren Fang und teilen ihre Freude an der Entdeckung der Tiere im und um das Wasser.

EINEN TEICH ODER BACH AUSSUCHEN

- Gehen Sie nur an Stellen, die öffentlich zugänglich sind – es sei denn, Sie haben die Erlaubnis des Besitzers.
- In Bächen und Teichen mit klarem Wasser und üppiger Ufervegetation findet sich das meiste tierische Leben.
- Vergewissern Sie sich, dass die Kinder ihre Netze sicher ins Wasser tauchen können, ohne auszurutschen und hineinzufallen. Das Ufer des Teichs oder Bachs sollte flach abfallen. Sie können auch einen See aufsuchen, an dem es geeignete Stege oder Plattformen gibt.
- Wählen Sie eine Stelle, an der das Ufer nicht zu sehr zugewachsen ist.
- Meiden Sie Stellen, die mit Müll übersät sind oder andere Zeichen von Umweltverschmutzung tragen.

BEVOR ES LOSGEHT

Für die Erkundung des Wasserlebens ist ein wenig Geduld nötig, denn viele Wassertiere sind klein und einige davon auch gut getarnt. Ermahnen Sie die Kinder, nicht lärmend ans Wasser zu laufen, sondern sich ruhig zu verhalten und zu beobachten, ob sie Zeichen von Leben entdecken. Am Wasser trinken oder jagen vielleicht Vögel, Frösche und Kröten verstecken sich im Uferbewuchs, über die Wasseroberfläche flitzen Käfer in schwindelerregendem Tempo oder Fische schwimmen im Wasser. Vielleicht möchte sich jedes Kind einen eigenen Platz am Wasser suchen, wo es sich hinsetzt und ein paar Minuten lang nur beobachtet, bevor es richtig losgeht.

FISCHEN LEICHT GEMACHT

- Füllen Sie einen größeren und mehrere kleinere Behälter mit Wasser aus dem Teich oder Bach. Stellen Sie sie auf den Boden nahe beim Ufer, damit Sie Ihren Fang gleich hineingeben können.

- Bitten Sie die Kinder nachzusehen, ob Sie beim Wasserschöpfen schon etwas gefangen haben. Das Wasser könnte schon von kleinen Lebewesen wie Wasserfliegen wimmeln.

- Bewegen Sie das Netz oder Sieb in der Nähe des Uferbewuchses, wo viele Tiere Unterschlupf finden, langsam und sanft durchs Wasser. Versuchen Sie, dabei nicht zu viel Schlamm mitzunehmen.

- Leeren Sie das Netz oder Sieb direkt in den größten Behälter aus, und zwar indem Sie es vorsichtig von innen nach außen umstülpen. Warten Sie ein paar Minuten, damit sich der Schlamm oder Schlick am Boden absetzen kann, und schauen Sie dann, ob Sie schon etwas gefangen haben.

- Erinnern Sie die Kinder daran, mit ihrem Fang sehr vorsichtig umzugehen und ihn so wenig wie möglich anzufassen. Viele Wasserlebewesen können außerhalb des Wassers nicht lange überleben.
- Setzen Sie mit einem Pinsel oder Löffel einige Lebewesen aus Ihrem Fang in das sauberere Wasser in einem der kleinen Behälter um.

- Geben Sie ein paar Wasserpflanzen in den Behälter – darunter können sich die Tiere verstecken.

- In seichten Bächen oder Teichen kann man vorsichtig die Steine hochheben und nachschauen, ob sich dort Tiere, etwa Larven der Köcherfliege, verbergen (die Steine immer wieder so zurücklegen, wie man sie vorgefunden hat).

- Am Schluss werden Wasser, Tiere und Pflanzen wieder dorthin zurückgebracht, wo sie ursprünglich waren, Netze und Behälter werden gründlich ausgespült.

DAS BRAUCHEN SIE

- Netz, zum Beispiel einen Kescher oder ein selbstgemachtes Netz (Anleitung siehe Seite 45). Wenn Sie nahe genug ans Wasser herankommen, tut es auch ein altes Küchensieb.
- Große Behälter, zum Beispiel leere Eiscremebehälter oder eine alte Spülwanne
- Kleinere Behälter, wie Marmeladengläser
- Lupe
- Alte Pinsel oder Löffel
- Bestimmungsbuch (wenn Sie Ihren Fang genauer bestimmen wollen)

SICHERHEITSTIPPS

- Ziehen Sie Schuhe oder Stiefel mit rutschfester Sohle an.
- Sorgen Sie dafür, dass alle Schnitte und Kratzer in der Haut gut mit wasserfesten Pflastern bedeckt sind.
- Fischen Sie nur an einer flachen Uferböschung oder auf einer stabilen Plattform, von wo aus der Zugang zum Wasser ungefährlich ist.
- Waschen Sie sich nach dem Fischen an Teich oder Bach immer gründlich die Hände.

Froschlaich

Kaulquappen
im Laich

frisch geschlüpfte
Kaulquappe

heranwachsende
Kaulquappe

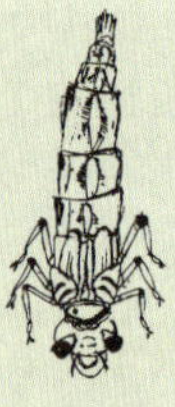

Libellenlarve

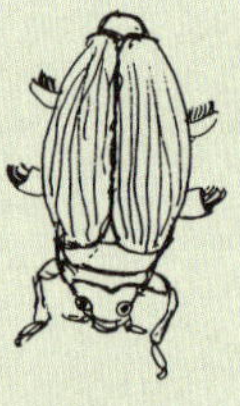

Taumelkäfer

Eintags-
fliegenlarve

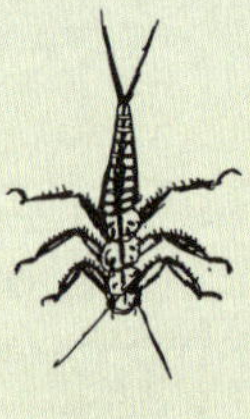

Steinfliegen-
larve

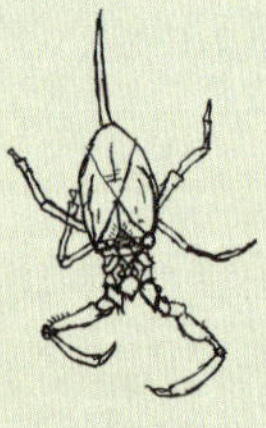

Wasser-
skorpion

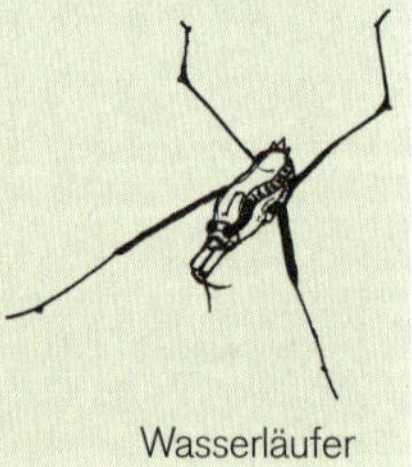

Wasserläufer

DAS KANN DER FANG ENTHALTEN

Ruderwanzen Sie benutzen zwei ihrer Beine als Ruder, daher der Name. Beobachten Sie, wie sie an die Oberfläche kommen, um Luft zu holen.

Schwimmkäfer Diese Käfer schwimmen sehr schnell. Wie die Ruderwanzen haben sie keine Kiemen, sammeln aber Luftblasen, um sie als Atemvorrat zu benutzen (wie menschliche Taucher ihre Pressluftflaschen).

Libellen- und Wasserjungferlarven Diese räuberischen Beutegreifer verbringen den größten Teil ihres Lebens unter Wasser und tauchen in ihrer vertrauteren, geflügelten Gestalt in den Frühlings- und Sommermonaten auf.

Eintagsfliegenlarven Sie sind gewöhnlich kleiner als die Larven von Libelle und Wasserjungfer und ernähren sich von organischen Stoffen in Teichen und Bächen. Ausgewachsen überleben sie nur wenige Stunden oder Tage und nehmen keine Nahrung mehr auf.

Wasserasseln Im Wasser lebende Abart der Holzlaus.

Süßwassergarnelen Diese weit verbreiteten Krustentiere sind verwandt mit den Salzwassergarnelen. Viele Kinder kennen sie besser als Urzeitkrebse (»Sea-Mon-

Kaulquappe mit
Hinterbeinen

Jungfrosch
mit Schwanz

Jungfrosch

ausgewachsener
Frosch

keys«), die man als »Eier« im Spielwaren- oder Zoohandel kaufen kann.

Wasserskorpione Auch wenn dieses furchterregend wirkende Wesen einem Skorpion ähneln mag: Sein Schwanz ist eine Röhre, die es wie einen Schnorchel benutzt, um Luft von der Wasseroberfläche einzusaugen.

Kaulquappen Gemeinhin die Jungen von Fröschen, aber auch von Kröten und Molchen. Viele Familien nehmen Kaulquappen nach Hause mit und beobachten ihre Metamorphose. Auch wenn das Spaß macht, sollte man nicht vergessen, sie dorthin zurückzubringen, wo man sie hergeholt hat, sobald ihnen Beine zu wachsen beginnen.

Köcherfliegenlarven Kinder finden diese faszinierenden Lebewesen vielleicht in ihren gut getarnten Verstecken, die sie vor Beutegreifern schützen und vor ihrer Beute verbergen. Jede Unterart baut ihren ganz eigenen »Köcher«; dazu benutzt sie zum Beispiel winzige Steine und Sandkörner, Zweige oder Blätter und klebt alles mit Seide zusammen. Die Kinder können einmal versuchen, ihren eigenen Köcher zu bauen, indem sie ein Stück Klebeband mit der klebrigen Seite nach außen zusammenrollen und es dann in Steinchen oder Blättern wälzen.

EIN KLEINES NETZ ANFERTIGEN

Dieses Netz ist nicht sehr stark, aber schnell und leicht zu basteln.

- Schneiden Sie die Füße und den größten Teil der Beine von einer Feinstrumpfhose ab und verknoten Sie die Enden der Beine oder nähen Sie sie zusammen.
- Biegen Sie den Stock in Ringform und fixieren Sie ihn wie in der Abbildung rechts gezeigt.
- Schlagen Sie die Taille der Strumpfhose ein paar Mal um den Ring und nähen Sie sie nötigenfalls mit ein paar Stichen fest.

EIN GRÖSSERES NETZ ANFERTIGEN

Nach dieser Methode fertigen Sie ein stärkeres Netz an (siehe Foto Seite 42).

- Säumen Sie großzügig eine der längeren Kanten des Musselinstoffs (mindestens 2,5 cm).

- Falten Sie den Stoff so in der Mitte, dass die gesäumte Seite für die Öffnung oben liegt. Dann nähen Sie den Boden und die Seite bis zur Öffnung zu, um ein Netz zu erhalten.

- Biegen Sie den Drahtbügel auf und fädeln Sie ihn durch den Saumkanal des Netzes. Drehen Sie die Enden des Drahtes fest zusammen, sodass sie nicht aufgehen können.

- Befestigen Sie die Drahtenden mit der Schlauchschelle am Besenstiel. Vorstehende Drahtenden sollten mit starkem wasserfestem Klebeband oder mit Schnur am Besenstiel befestigt werden.

DAS BRAUCHEN SIE

Kleines Netz
- Alte Feinstrumpfhose
- Biegsamer Stock
- Nadel und Faden
- Schere

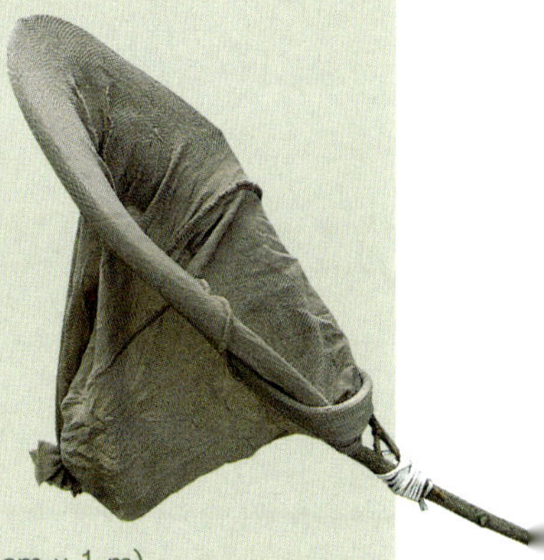

Großes Netz
- Musselinstoff (ca. 50 cm x 1 m)
- Drahtbügel
- Schlauchschelle (Schlauchanschluss)
- Besenstiel
- Starkes wasserfestes Klebeband/Schnur
- Nähmaschine/Nadel und Faden

VOGELNESTER

In den Osterferien beschlossen Hannah und Edward, Vogelnester zu basteln. Nachdem sie auf einem Familienspaziergang geeignetes Material gesammelt hatten, brachten sie mit Inbrunst biegsame Zweige in Tassenform und polsterten jede davon mit einem weichen Bett aus Moos und Flechten. Sie versteckten die Nester überall im Garten ihrer Großeltern, wo sie jahrelang unentdeckt, aber auch unversehrt blieben. Es erinnerte mich an eine Passage aus E. Nesbits Klassiker »Die Eisenbahnkinder«, in der zwei Figuren sich einen Spaß daraus machen, Schwalbennester aus Lehm anzufertigen. Sie planen, sie im Ofen zu trocknen, mit Wolle zu polstern und dann unter die Dachtraufe zu hängen, damit sie für die Rückkehr der Schwalben im kommenden Frühling bereit sind.

Nester bieten Schutz und Wärme und, was am wichtigsten ist, einen sicheren Platz, an dem Vögel ihre Eier ausbrüten und ihre Jungen großziehen können. Einige Arten bauen unglaublich komplizierte, feinmaschige Nester, die zart und leicht sind, aber doch stark genug, um die Eier und die Nestlinge zu schützen. Nester aus menschlicher Hand können mit den komplexen Gebilden der Vögel nicht mithalten, aber es macht Spaß, es mit dem Material, das man eben so findet, einmal zu versuchen.

DAS BRAUCHEN SIE

Beutel

EIN VOGELNEST BAUEN

Zeigen Sie den Kindern ein Foto von einem Nest (siehe gegenüber) oder besser ein echtes – natürlich verlassenes – Vogelnest, sodass sie sehen, welche Materialien sie brauchen und wie ein Nest aufgebaut ist. Vogelnester gibt es in allen Formen und Größen. Das Nest einer Elster ist eine unordentliche Ansammlung langer Zweige, die oft hoch oben in den Ästen hängt; die Blaumeise hingegen baut aus Moos, Wolle und Federn ein adrettes Nest und versteckt es oft in einem Loch in einem Baum oder einer Mauer. Die Mehlschwalbe wiederum klebt ihr Nest aus Lehm an die Dachtraufen der Häuser.

- Ermuntern Sie die Kinder, geeignetes Nistmaterial zu sammeln. Die Vögel verwenden Zweige, Grashalme, Stengel, Binsen, Lehm, Moos, Flechten, Federn, Schafwolle, Spinnweben und Tierfell. Einige verwenden auch künstliche Materialien wie Schnur, Plastikband oder Papierfetzen.

- Nistmaterial muss zwei Hauptaufgaben erfüllen: Halt geben und isolieren.

- Erinnern Sie die Kinder daran, wie leicht es für uns ist, diese Dinge zu sammeln, während ein Vogel hunderte oder gar tausende Mal hin und her fliegen muss, um alles heranzuschaffen, was er braucht.

- Aus Zweigen oder Stengeln wird das Grundgerüst zusammengeflochten und -gewoben. Polstern Sie es dann mit weicheren Materialien aus. Das Nest kann jede erdenkliche Form haben – klein oder groß, offen oder geschlossen –, solange es nur hält.

- Die meisten Kinder werden es mit einem tassenförmigen Nest versuchen. Ein Vogel zimmert zuerst den Rohbau und setzt sich dann in die Mitte des Nestes. Anschließend dreht er sich um die eigene Achse und drückt dabei mit der Brust hierhin und dorthin, um das Nest in die richtige Form zu bringen. Die Kinder können sich vorstellen, dass ihre Faust der Vogel ist; vielleicht gelingt ihnen ein tassenförmiges Nest, indem sie die Faust drehen und leichten Druck gegen die Wände ausüben.

- Setzen Sie die Nester in Bäume oder Sträucher oder in eine Hecke oder Mauer. Kinder stellen sich gern vor, dass ein Vogel vorbeikommen und ihr Nest beziehen könnte. Ermutigen Sie sie daher, einen geschützten Platz zu suchen, der vor Räubern sicher ist.

- Wer's noch anspruchsvoller mag, kann versuchen, ein Nest für eine bestimmte Vogelart zu bauen, etwa ein Lehmnest für eine Schwalbe. Suchen Sie in der örtlichen Bücherei nach einem Kinderbuch über Vögel mit Fotos von Vogelnestern, um sich Anregungen zu holen.

OSTERFREUDE

Jedes Jahr veranstalten Freunde eine große Ostereiersuche, bei der Horden von Kindern in ihrem Garten herumtoben und an den unwahrscheinlichsten Orten nach Schokoladeneiern fahnden, die der Osterhase versteckt hat. Der Ostereiersuche folgen dann Eierspiele – Eierrollen, Eierboule und sogar Eierfangen –, die jede Menge Chaos, Kleckerei und Spaß mit sich bringen.

Wenn Sie Ostern einmal anders feiern möchten, sollten Sie den Nestbau mit der Ostereiersuche kombinieren. Vor einigen Jahren hatten meine Kinder einen Riesenspaß daran, für ihre kleinen Cousins eine Ostereiersuche zu organisieren. Sie bastelten lauter kleine Nester, füllten sie mit einem Gelege aus Schokoladeneiern (wie im Bild gegenüber) und versteckten sie im Garten. Die Cousins quietschten vor Vergnügen, als sie entdeckten, dass Schokoladeneier in den kleinen moosgepolsterten Nestern lagen.

DAS BRAUCHEN SIE

Dekoratives Osternest

- Natürliche Materialien wie Moos, Zweige oder Flechten für das Nest
- Hartgekochte oder ausgeblasene Hühnereier
- Farbe/Lebensmittelfarbe/Seidenpapier/ Nagellack für den Eierschmuck

Ostereiersuche im Wald

- Schokoladeneier
- Schachteln zum Eiersammeln (an der unteren Hälfte eines Eierkartons einen Griff aus Pappkarton befestigen und das Ganze mit Farbe und Seidenpapier dekorieren)

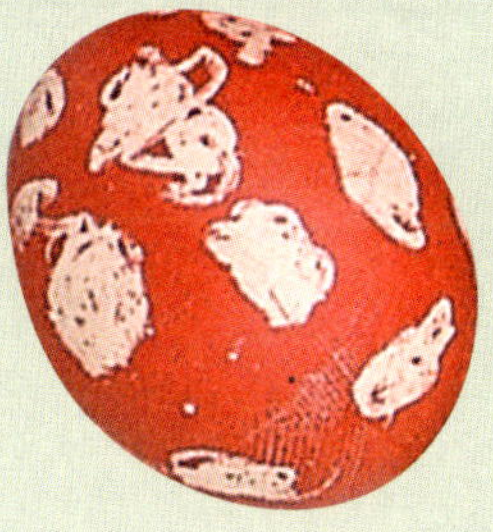

DEKORATIVES OSTERNEST

Ein großes Nest aus Zweigen, das mit frischem grünem Moos oder grauen Flechten ausgepolstert ist, ergibt einen festlichen Tischschmuck, besonders wenn es mit gefärbten Eiern gefüllt ist. Die Kinder können dafür hartgekochte oder ausgeblasene Eier mit Farbe, Lebensmittelfarbe, Seidenpapier oder Nagellack verzieren. Die auf dieser und der nächsten Seite abgebildeten hartgekochten Eier erhielten ihre Färbung, indem sie über Nacht in eine Mischung aus verdünntem Essig und Lebensmittelfarbe »eingelegt« wurden. Die Kinder hatten zuvor mit Wachsmalstiften und Kerzen Muster auf die Eier gemalt.

OSTEREIERSUCHE IM WALD

Nehmen Sie eine Gruppe Kinder in den Wald oder Park mit, um Ostereier zu suchen, die der Osterhase versteckt hat.

- Basteln Sie alle zusammen Schachteln zum Eiersammeln, bevor Sie losgehen.

- Ein Erwachsener muss im Voraus die Schokoladeneier entlang der vereinbarten Route verstecken.

- Während die Kinder nach Eiern suchen, sollten sie auch nach anderen Dingen Ausschau halten. Fordern Sie sie dazu auf, auch andere eiförmige Dinge zu suchen, zum Beispiel Kerne, Nüsse oder Kieselsteine, die sie in ihre Schachteln zu den Schokoladeneiern legen können.

DAS BRAUCHEN SIE

- Hühnereier
- Papier
- Schokoladeneier

OSTEREIERSCHNITZELJAGD

Die Kinder eines Freundes waren bei der Ostereiersuche einmal sehr enttäuscht darüber, dass sie statt Schokoladeneier nur ganz gewöhnliche Hühnereier in dem im Garten versteckten Vogelnest vorfanden. Aber dann fiel ihnen auf, dass ein Stück Papier aus einem der Eier hervorlugte, und als sie das Ei zerbrachen, kam ein zusammengerollter Zettel zum Vorschein. Es war der erste Hinweis einer Schnitzeljagd, die sie durch den ganzen Garten führte, bis sie am Ende eine große Schatztruhe voller Schokoladeneier entdeckten.

- Eine solche Schnitzeljagd kann heimlich organisiert werden – als Überraschung –, oder Sie beteiligen die Kinder an der Vorbereitung.

- Leere Eierschalen dienen als Versteck für die Hinweiszettel. Helfen Sie den Kindern dabei, die Hühnereier auszublasen: Stechen Sie oben und unten Löcher in die Eier, blasen Sie Eiweiß und Eigelb in eine Schüssel (Sie können beides zum Backen oder für Rührei verwenden) und lassen Sie die Eierschalen trocknen.

- Schreiben Sie Hinweise auf kleine Zettel. Rollen Sie das Papier so eng wie möglich zusammen und stecken Sie je einen Zettel vorsichtig in jedes Ei. Nummerieren Sie die Eier, damit Sie sie für die Schnitzeljagd in der richtigen Reihenfolge verstecken können.

- Verstecken Sie die Eier im Garten; vielleicht legen Sie sie in Vogelnester, die die Kinder selbst gebastelt haben (siehe Seite 46).

- Die Kinder folgen in der Reihenfolge der Zahlen der Fährte und zerbrechen jeweils die Eier, um an die Zettel zu gelangen, bis sie zuletzt auf das Versteck mit den Schokoladeneiern stoßen.

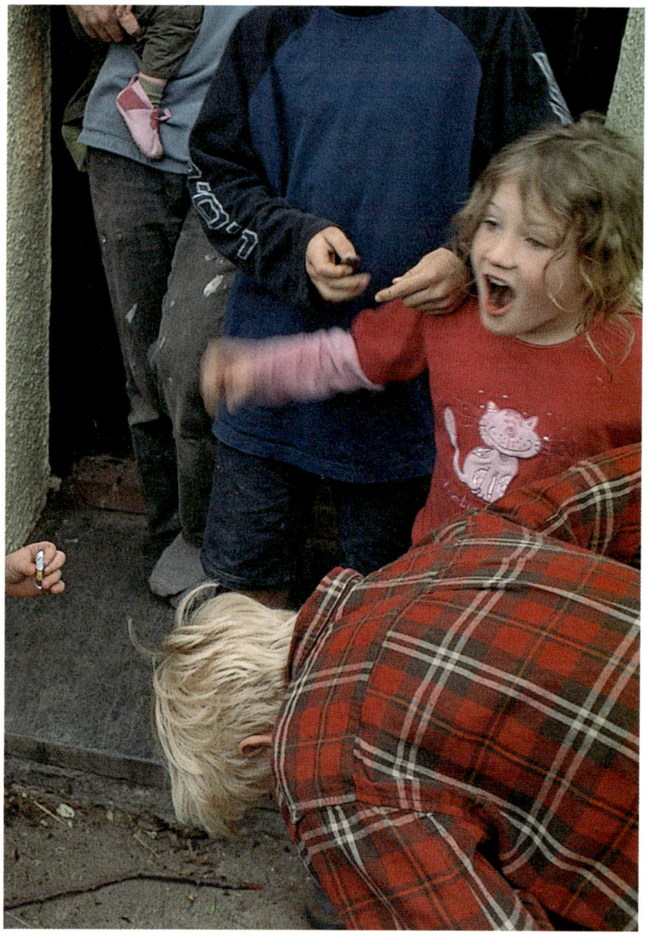

WAS FÜR EIN HERRLICHER MATSCH!

Schlamm kann modelliert und geformt werden, man kann ihn sich ins Gesicht schmieren und Kuchen daraus backen. Er quillt zwischen den Zehen hoch und lässt sich wunderbar durch die Finger pressen. Man kann sich sogar darin wälzen. Er bietet Kindern sehr viele Erlebnis- und Spielmöglichkeiten. Schlamm ist nichts weiter als gutes, sauberes Erdreich, lässt sich leicht abwaschen und ist harmlos, doch viele Eltern schütteln sich bei dem Gedanken, dass ihre lieben Kleinen zu Dreckspatzen werden könnten. Entspannen Sie sich! Ab und zu schadet es gar nichts, wenn die Kinder alte Kleider anziehen und sich so richtig dreckig machen dürfen. Es ist doch auch kein Problem, wenn sie beim Schulsport draußen schmutzig werden – warum also sollten sie nicht einfach aus Spaß im Matsch spielen dürfen, ohne sich Gedanken machen zu müssen?

Auf einem Frühlingsspaziergang nahm die sechsjährige Tochter einer Freundin direkt Kurs auf die großen Schlammpfützen eines matschigen Weges. Sie zögerte noch einen Moment und warf ihrer Mutter einen fragenden Blick zu, vielleicht aus Angst, dass sie ihre makellose rosa Kleidung schmutzig machen könnte. Aber die Versuchung war einfach zu groß, und so tappte sie hinein, pflügte durch jede Pfütze und spritzte vergnügt Gummistiefel, Hose und Jacke mit Schlamm voll, während ihr leuchtendes Gesicht verkündete: »Ich finde Matsch super!« Ein etwas vorsichtigeres kleines Mädchen ließ sich erst zum Schlammbad überreden, als man ihr erzählte, dass die Waschmaschine genug davon habe, immer nur saubere Kleider zu waschen und sich nach richtigem Schmutz sehne. Als sie ihren anfänglichen Widerwillen überwunden hatte, erklärte sie: »Komisch – ich bin total dreckig, aber das ist mir egal!« Erlöst von den üblichen Hemmungen erlebten diese beiden Mädchen ein wunderbares Gefühl der Freiheit.

Ein Waldspaziergang mit einer Freundin und unseren vier Kindern zwischen neun und dreizehn Jahren drohte schon völlig in die Binsen zu gehen, als jemand ausrutschte und in den Matsch fiel. Aber statt der erwarteten Mitleidsbekundungen gab es angesichts der Dreckspuren auf Gesicht und Kleidern großes Gelächter, und schon ging die Schlammschlacht los. Wir warfen alle Bedenken und guten Sitten über Bord, und jeder wurde von oben bis unten dreckig. Wir Mütter lachten mit, denn wir wussten, dass der Spaß, den die Kinder an ihrem matschigen Spiel hatten, viel wichtiger war als alle Sorgen um schlammbedeckte Autositze oder Schmutzränder in der Badewanne. Es ist nun schon einige Jahre her, aber als ich meine Tochter fragte, ob sie sich daran erinnere, grinste sie und sagte: »Ja, das war toll!«

KUNST AUS SCHLAMM

Auf einem Ausflug, bei dem wir eigentlich Baumspiele machen wollten, blieben einige Kinder im Dreck stecken und mussten von ihren kichernden Freunden »gerettet« werden. Da der Schlamm einfach zu verlockend war, als dass man ihn hätte ignorieren können, kauerten sich die Kinder hin, fassten ganze Hände voll Schlamm und ließen ihn durch die Finger rinnen. Bald begannen sie, aus etwas dickerem Matsch Höhlen und sogar mehrstöckige Häuser zu bauen. Jungen und Mädchen arbeiteten Hand in Hand, schmückten ihre Schlammwohnungen aus, benutzten Stöckchen als Stützpfeiler und mischten aus Schlamm und Gras einen Verputz. Die Bäume mussten da eben warten …

Hier einige weitere Vorschläge für Kunstwerke aus Schlamm:

Kugeln Auf dem erwähnten Ausflug rollten die Kinder den Schlamm auch zu Kugeln, die sie dann mit einem Mantel aus Moos, Blättern, Baumrinde und sogar Blumen überzogen und zu Miniaturskulpturen aufeinanderstapelten.

Schalen und andere Gefäße Wenn der Tongehalt hoch genug ist, kann man feuchte Erde zu allen möglichen Formen modellieren, die auch nach dem Trocknen halten.

Kuchen und Torten Der Klassiker. Versuchen Sie es einmal mit Schichten von verschiedener Farbe und Beschaffenheit und verzieren Sie das Ganze mit Kerzen aus Zweigen und mit Nüssen, Kernen und Steinen.

Zeichnungen Mit einem Stock können Sie in weichen Schlamm Bilder zeichnen, oder Sie tauchen ihn in zähen Matsch, um damit Felsen oder Baumstämme zu bemalen. Die Kinder können ihre lehmigen Hand- und Fußabdrücke auch auf Felsen, Papier oder – immer noch am besten – auf anderen Kindern hinterlassen.

Risse im Lehm Streichen Sie eine flache Oberfläche, etwa einen Stein, mit Schlamm ein. Wenn der Erdboden einen hohen Tongehalt hat, wird ein komplexes Muster von Rissen entstehen, sobald der Lehm angetrocknet ist.

ABGÜSSE HERSTELLEN

Aufmerksame Kinder entdecken in Schlamm, der die richtige Konsistenz hat (also nicht zu feucht und nicht zu trocken ist), Tierspuren, aber auch Fußabdrücke von Menschen. Solche Abdrücke können sie mit Händen

und Füßen auch selbst herstellen, oder sie drücken Fundstücke aus der Natur wie etwa Schneckenhäuser, Blätter, Zweige oder Zapfen in den Schlamm. Fertigen Sie mit Gips Abgüsse dieser Matschabdrücke an – als Erinnerung an Ihren Spaziergang. Das funktioniert am besten mit tonhaltigen Böden.

- Wählen Sie, um einen Abdruck herzustellen, nur Schlamm, der die richtige Konsistenz hat.

- Suchen Sie echte Tier- oder Menschenspuren oder machen Sie selbst Abdrücke.

- Legen Sie einen Ring oder Rahmen aus Karton um den Abdruck und drücken Sie ihn sanft in den Matsch.

- Nun gießt man etwas Wasser in einen Plastikbehälter und gibt vorsichtig so lange Gips dazu, bis dieser kein Wasser mehr aufsaugt. Dann verrührt man alles mit einem Stock. Der Gips sollte dickflüssig sein.

- Füllen Sie den Gips behutsam in den Kartonrahmen, bis er etwa 2,5 cm hoch steht.

- Lassen Sie das Ganze etwa 20 Minuten antrocknen, dann lösen Sie den Abdruck vorsichtig vom Boden ab und packen ihn für den Heimtransport in Zeitungspapier ein.

- Nach einigen Stunden ist der Gipsabdruck hart genug, sodass Sie den Lehm abspülen können. Schrubben Sie ihn mit einer alten Zahnbürste ab. Der Abdruck kann so belassen werden, wie er ist, oder die Kinder verzieren ihn mit Farben und Lack.

- Versuchen Sie es auch einmal im Garten. Wässern Sie schlammige Erde, bis sie die richtige Konsistenz erreicht hat, dann nehmen Sie Abdrücke von allen möglichen Dingen – von Zinnsoldaten bis hin zu Katzenpfoten.

DAS BRAUCHEN SIE

- Kartonstreifen von ca. 30 x 6 cm mit einer Büroklammer (zum Zusammenheften der beiden Enden zu einem Ring)
- Für einen rechteckigen Rahmen eine kleine Kartonschachtel, deren Boden Sie entfernen
- Gips
- Wasser
- Plastikbehälter
- Zeitung

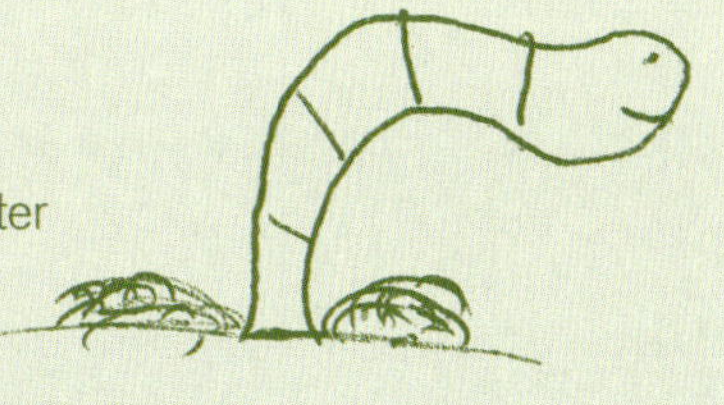

SICHERHEITSTIPPS

- Bevor Sie im Schlamm wühlen, bedecken Sie alle offenen Wunden auf der Haut mit wasserfestem Pflaster.
- Waschen Sie Hände, Füße und alle anderen Körperstellen, die mit dem Matsch in Berührung kamen, danach gründlich mit Seife ab.

TARNSPIELE

Für Beutegreifer und Beutetiere ist Tarnung eine lebenswichtige Strategie, die sie in ihrer Umgebung so gut wie unsichtbar macht. Zur wirksamen Tarnung gehören nicht nur Farbe und Zeichnung, sondern auch täuschendes Verhalten und das richtige Gefühl dafür, Teil der Umgebung zu sein. Die Menschen vieler Naturvölker versuchen, mit der Umgebung zu verschmelzen, indem sie ein Tier oder Objekt aus der Natur nachahmen; sie glauben, dass es wilden Tieren so schwerer fällt, sie zu entdecken.

Tarnspiele steigern die Aufmerksamkeit der Kinder für ihre Umwelt und die Art und Weise, wie Tiere sich in ihrer Umgebung scheinbar in Luft auflösen können. Geben Sie den Kindern folgende Tipps, wenn sie sich an Tiere anpirschen oder Verstecken spielen wollen:

- Sie sollten gedeckte Farben ohne auffällige Muster oder Logos tragen.
- Das Gesicht tarnen. Selbst wenn der Rest des Körpers verborgen ist, kann das Gesicht regelrecht hervorstechen. Die Kinder können Schlamm oder Körperfarbe benutzen, um die Form des Gesichts zu kaschieren und seine Farbe zu verändern, oder eine Kappe aufziehen, die einen Schatten auf ihr Gesicht wirft.
- Versuchen, Gegebenheiten in der Umgebung nachzuahmen, etwa einen Felsbrocken oder große Pflanzen.
- Sich langsam, ruhig und ohne Hektik bewegen.
- Baumstämme, Büsche und Vertiefungen als Versteck nutzen.
- Zu Boden gehen und robben, sodass sich ihre Gestalt nicht gegen den Hintergrund abzeichnet.
- Sich einem Tier in freier Wildbahn immer gegen den Wind nähern, da die meisten Tiere eine sehr gute Nase haben.
- Sich im Schatten halten.

DAS BRAUCHEN SIE

- Grobmaschiges Netz aus dem Gartencenter, groß genug, um für jedes Kind daraus einen Umhang zu machen
- Schere, Schnur, Bast, Wolle
- Farbe, um das Gesicht zu schminken

SICHERHEITSTIPP

Kinder sollten beaufsichtigt werden, wenn sie mit scharfen Scheren arbeiten.

Es kann schon eine Tarnung sein, wenn die Kinder draußen in der Natur nur gedeckte Grün- und Brauntöne tragen; sie können sich aber auch ein aufwändiges Kostüm als Tarnung einfallen lassen. Tarnspiele kann man in einem großen Garten oder Park spielen, aber am aufregendsten ist es im Wald. Die Spiele, die im Folgenden beschrieben sind, machen das ganze Jahr über Spaß, eignen sich aber am besten für den Spätfrühling oder den Frühsommer, wenn der Boden trocken und die Vegetation üppig ist.

EINE EIGENE TARNUNG ANFERTIGEN

Bei einem Ausflug in den Wald im Spätfrühling hatten unsere Kinder viel Freude daran, aus natürlichen Materialien, die sie in grobes Netzgeflecht flochten, Tarnumhänge anzufertigen. Als Mantel oder Decke benutzt, tarnten diese Umhänge die auf dem Waldboden liegenden Kinder sehr wirkungsvoll.

- Gehen Sie in den Wald oder ins Unterholz, wo Sie wissen, dass Sie natürliche Materialien wie Farne, Gras, Blätter und Zweige vorfinden.

- Sammeln Sie Material und flechten oder knüpfen Sie es in grobes Netzgeflecht ein. Da das etwas knifflig sein kann, brauchen die Kinder dabei vielleicht die Hilfe der Erwachsenen.

- Legen Sie den Kindern die Umhänge um die Schultern und bemalen Sie zusätzlich ihre Gesichter. Wenn das Netz groß genug ist, schneiden Sie ein Loch in die Mitte, sodass die Kinder es wie einen Poncho tragen können.

GRÜNE MÄDCHEN UND JUNGEN

Tief im Wald kann es vorkommen, dass man glaubt, ein Gesicht im Schatten zu sehen, das einen durch eine Blättermaske anstarrt. Es ist der mythische Grüne Mann, ein Symbol der Wiedergeburt und Erneuerung, dessen Ursprünge und Bedeutung geheimnisumwoben sind und in die Urzeiten der Menschheit zurückgehen. Viele mittelalterliche Kirchen und Kathedralen in ganz Westeuropa sind mit der Darstellung eines Gesichts oder einer Maske geschmückt, aus denen Blätter wachsen. Wir kennen seine Geschichte nicht mehr, aber heute kann der Grüne Mann als Sinnbild der Verehrung für die Bäume und die Natur gedeutet werden. Man hat das Gefühl, dass seine Blättermaske für etwas Altes und Wichtiges steht, etwas, das zugleich schön und unheimlich ist.

- Mit einem Kopfschmuck aus Blättern, grüner Körperfarbe für das Gesicht und einem Tarnumhang kann man sich in ein Grünes Mädchen oder einen Grünen Jungen verwandeln, die sich im Wald verbergen, ihre Umwelt belauschen und beobachten und sich als Teil der Natur fühlen. Lassen Sie den Kindern die Zeit und ermuntern Sie sie, ganz still dazusitzen; wenn sie das lange genug tun, kommen vielleicht Tiere ganz nah heran.

GETARNT VERSTECKEN SPIELEN

Die Herausforderung bei diesem Spiel ist, sich hinter der eigenen Tarnung zu verstecken anstatt hinter einem Gegenstand. Die Kinder sollten versuchen, mit der Umgebung eins zu werden, indem sie still sind, sich nicht bewegen und sich in der Umgebung wohlfühlen. Dieses Spiel ist in der Morgendämmerung am wirkungsvollsten und aufregendsten.

- Die Kinder sollten gedeckte Farben oder Tarnumhänge tragen. Mit Körperfarben oder Schlamm können sie ihr Gesicht tarnen.

- Wählen Sie ein bestimmtes Stück Weg für das Spiel aus. Alle Beteiligten sollten genau wissen, wo der ausgewählte Abschnitt beginnt und endet.

- Die Kinder, die sich verstecken, sollen abseits des Wegs in Deckung gehen. Sie sollen sich so hinlegen, -setzen oder -stellen, dass sie möglichst gut an die Formen und Konturen der Natur um sie herum angepasst sind.

- Jene, die die anderen suchen müssen, gehen dann den Weg ab, und wenn sie an den Versteckten vorbeigegangen sind, ohne sie zu entdecken, dürfen diese mit Siegesgeheul aufspringen.

TARNFANGEN SPIELEN

Das war das beliebteste Spiel bei einer organisierten Spielaktion. Gruppen von bis zu dreißig Kindern wurden

in zwei Mannschaften aufgeteilt. Jedes Team hatte in einem Waldgebiet einen Stützpunkt; das Ziel war, den Stützpunkt des anderen Teams einzunehmen – nicht mit Gewalt, sondern mit List und Tarnung. Die Kinder mussten sich langsam und vorsichtig bewegen, die natürliche Umgebung als Deckung nutzen und versuchen, mit ihr zu verschmelzen und nicht gesehen zu werden. Sie lernten schnell, in grüner, brauner oder khakifarbener Kleidung in den Wald zu kommen, und wenn sie sich das Gesicht angemalt hatten, waren sie noch schwerer zu entdecken.

Dieses Spiel eignet sich auch für kleinere Gruppen, vielleicht im Anschluss an die Anfertigung eines Tarnanzugs. Wählen Sie ein Kind oder einen Erwachsenen aus, das oder der einen zentralen Punkt bewacht, den die anderen Kinder erobern müssen. Je besser die Tarnung und je langsamer sie sich bewegen, desto wahrscheinlicher werden sie Erfolg haben.

GETARNTE GEGENSTÄNDE

Kinder freuen sich immer an unserem Skulpturenpfad hier am Ort; sie laufen in den Wald und halten Ausschau nach allen möglichen Skulpturen aus Metall, Holz und anderen Materialien. Einige Skulpturen mit harten Linien, glänzenden Oberflächen und hellen Farben, die sich deutlich gegen die sanfteren Formen und Farben des Waldes abheben, sind leicht zu entdecken; doch der wunderbare Fischbaum zum Beispiel ist kaum zu finden. Dieser rostende Baum aus Metall mit Fischen anstelle von Blättern ist perfekt getarnt und fügt sich nahtlos zwischen den umstehenden natürlichen Bäumen ein. Eine weitere Lieblingsskulptur ist ein großer rechteckiger Teppich, dessen rotgelbe Oberfläche sich kaum vom Waldboden unterscheidet.

Einige Objekte verschmelzen mit der Natur, andere sind leicht zu sehen. Dieses Spiel regt dazu an, nach Dingen an Orten zu suchen, wo sie nicht hingehören.

- Suchen Sie einen kleinen Bereich in einem Wald, Park oder Garten aus.

- Platzieren Sie viele künstliche Objekte in diesem Bereich. Einige mögen leicht zu entdecken sein, etwa Plastikbecher, ein Kochtopf oder ein rosa Handschuh; bei anderen könnte es schon schwieriger werden, zum Beispiel bei einem grünen Handtuch, einem braunen Faserpelz oder einer Topfpflanze.

- Geben Sie den Kindern etwa zehn Minuten, um möglichst alle Objekte zu finden, die nicht da hingehören.

- Besprechen Sie die Objekte, die sie entdeckt haben, und schicken Sie die Kinder noch einmal los, falls sie etwas übersehen haben.

- Das Spiel kann auch zu einem Wettbewerb umgewandelt werden: Wer findet die meisten Objekte?

- Kleinen Kindern macht es Spaß, nach Teddybären oder anderen Kuscheltieren, die hinter Bäumen und Sträuchern verborgen sind, Ausschau zu halten. Platzieren Sie sie so, dass einige leicht und andere schwieriger zu finden sind.

- Sorgen Sie dafür, dass alle Gegenstände nach Beendigung des Spiels wieder eingesammelt werden.

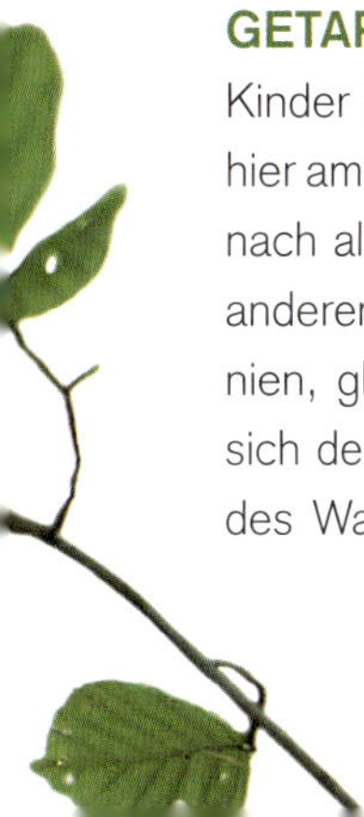

SOMMER

DER SOMMER IST DA!

Wenn der Frühling in den Sommer übergeht, beschleunigt sich der Lebensrhythmus, da die Natur jeden langen warmen Tag bestmöglich zu nutzen versucht. Sonne und Nahrung gibt es im Überfluss; die Pflanzen nutzen dies, um zu blühen und Früchte zu tragen, und die Tiere ziehen ihre Jungen groß. Jeder Fleck Wiese und Wald, jeder Teich, jeder Vorstadtgarten und jeder Stadtpark ist voller Leben. Noch im kleinsten Stück Natur kann man tagtäglich die verschiedensten Dinge beobachten – Blumen blühen und welken, Insekten kommen und gehen. Dies ist die »Rushhour« der Natur, wenn alles auf Volldampf läuft und den Sommermotor Sonne nutzt.

Für Kinder scheinen die langen Sommertage kein Ende zu nehmen. Es ist eine aufregende Zeit des Spielens im Freien, der großen Ferien und großer Freiheit. Jeden Tag gibt es etwas anderes zu tun oder zu sehen: Käfer und Insekten suchen, Verstecke bauen, am Strand Sandburgen errichten oder einfach faul in der Sonne liegen, während man rekordverdächtige Gänseblümchenketten knüpft oder seinen Spielkameraden unter frisch gemähtem Gras begräbt. Sogar der warme Sommerregen ist ein Vergnügen, ob man sich dabei mit natürlichen Schirmen aus Rhabarberblättern schützt, barfuß durch das nasse Gras läuft oder Nacktschnecken sucht, die zwischen den feuchten Blättern umherkriechen.

Frühsommer Im Wald sind die Blätter an den Bäumen noch nicht ganz ausgewachsen, sodass das Sonnenlicht noch bis auf den Waldboden hinunter fallen kann; nun kann man sich an einem Teppich aus Wildblumen, wie den Glockenblumen, erfreuen. Dies ist die beste Zeit, um früh aufzustehen. Holen Sie daher die Kinder an einem stillen Morgen früh aus den Federn, um einmal im Wald zu frühstücken. Hören Sie gut hin, wenn die Bäume um Sie herum von den Geräuschen des anbrechenden Morgens widerhallen und die Vögel den neuen Tag begrüßen.

Hochsommer Jetzt sind die Tage am längsten, und noch immer liegt der Großteil des Sommers vor uns. Alles ist noch frisch und grün; dies ist vielleicht die beste Zeit des Jahres zur Erkundung von Wiesen, Waldrändern und anderen Standorten, an denen Wildblumen gedeihen. Jeder Winkel im ungemähten Gras und Unterholz ist lebendig, und Schmetterlinge, Käfer, Grashüpfer und Grillen sind nur einige der Tiere, auf die aufmerksame Naturbeobachter nun stoßen können. Die Sommersonnenwende ist ein Anlass zum Feiern: Machen Sie einen Abendspaziergang mit Laternen aus Krepppapier, Nachtlichtern in Marmeladengläsern und einem Picknick, und schauen Sie sich den Sonnenuntergang am längsten Tag des Jahres an, während die Nacht zum Leben erwacht.

Spätsommer Nun ist die Sonne am heißesten; viele Pflanzen sehen von der Hitze etwas erschöpft aus, und die Wälder sind trügerisch still. Obwohl einige Blumen noch gar nicht geblüht haben, werfen viele andere bereits ihre Samen ab, und auf den Feldern ist Erntezeit. Vielleicht steht ein Familienurlaub bevor, auf den man sich freuen kann und in dem man etwas mehr Zeit hat, zusammen die Natur zu genießen und neue Lebensräume am Meer, in den Bergen oder sogar in einem anderen Land zu erkunden. Nehmen Sie dazu Ihren Abenteuerrucksack mit und bereiten Sie sich auf viele neue Entdeckungen vor.

BEREIT FÜR DEN SOMMER

Die Wärme des Sommers kann uns ein trügerisches Gefühl der Sicherheit vorgaukeln. Wenn wir auf mehrere Kleiderschichten und feste Schuhe verzichten können, kann man leicht versucht sein, ganz ohne Vorbereitung auf Entdeckungsreise zu gehen. Und doch

bergen viele Freuden des Sommers auch Risiken; die Kinder können einen Sonnenbrand bekommen oder zu wenig trinken und an Flüssigkeitsmangel leiden, oder sie können von Insekten gestochen oder gebissen werden. Planen Sie daher im Voraus und packen Sie Folgendes in Ihren Abenteuerrucksack:

Wasser Nehmen Sie mehr mit, als Sie voraussichtlich brauchen werden. Idealerweise sollte jedes Kind seine eigene Flasche haben, aus der es jederzeit trinken kann. Ermuntern Sie sie dazu, lieber in kleinen Schlucken zu trinken, statt alles in einem Zug hinunterzustürzen.

Sonnencreme mit hohem Lichtschutzfaktor. Tragen Sie sie auf, bevor es losgeht, und nehmen Sie sie mit für den Fall, dass Sie sie noch einmal brauchen.

Kopfbedeckung Sie schützt Gesicht und Hals der Kinder vor der Sonne.

Geeignete Kleidung Die Kinder sollten T-Shirts tragen, die ihre Schultern bedecken. Wenn Sie den ganzen Tag über draußen sind, nehmen Sie auch etwas Langärmeliges und vielleicht auch lange Hosen mit.

Regenkleidung Wenn das Wetter unbeständig ist, nehmen Sie zur Sicherheit einen Regenschutz mit.

Insektenschutz Damit halten Sie sich Mücken, Bremen und Wespen vom Leib. Denken Sie auch an eine Antihistaminsalbe zur Behandlung von Insektenstichen und -bissen.

Proviant Wählen Sie Lebensmittel, die in der Hitze nicht verderben können.

DER GESCHMACK DES FRÜHSOMMERS

Im Mai behalten meine Kinder die Holunderbäume gut im Auge, da sie den Tag nicht verpassen wollen, an dem sich die cremefarbenen Blüten öffnen. Die nach Honig duftenden Blüten sollten am besten dann gesammelt werden, wenn sie frisch und jung sind und bevor sie einen bitteren Geschmack annehmen. Die Kinder sehnen sich jedes Jahr nach dem ersten Schluck durstlöschenden Holunderblütensafts.

Kinder lieben es, in der Natur Nahrungsmittel zu sammeln; dabei denkt man eher an Beeren und Früchte im Herbst als an Sommerblüten. Eine Pflanze, von der man bereits im Sommer ernten kann, ist der Holunder. Dieser struppige Strauch wächst meist in Hecken und am Waldrand und bringt Ende Mai bis Anfang Juni Unmengen an cremefarbenen Blüten hervor. Seine Blätter riechen herb, aber die Blüten sind aromatisch und verleihen selbstgemachten Marmeladen und Gelees eine feine Note. In einen leichten Ausbackteig getaucht und frittiert, wird aus Holunderblüten eine leckere Mahlzeit. Aus den Blüten kann man auch einen aromatischen, duftenden Kräuterlikör oder Sorbet machen.

Achten Sie beim Sammeln von Holunderblüten darauf, nur die frischesten zu nehmen, deren winzige Knospen sich gerade geöffnet haben. Brechen oder schneiden Sie sie ab und legen Sie sie vorsichtig in einen Beutel oder Korb. Verarbeiten Sie sie möglichst sofort nach dem Heimkommen.

HOLUNDERBLÜTENSAFT

- Mischen Sie Zucker und Wasser in einem großen Kochtopf und bringen Sie alles zum Kochen; rühren Sie dabei immer wieder um, bis der Zucker sich auflöst. Gießen Sie den Zuckersirup in eine Schüssel.

- Reiben Sie die Schale von zwei Zitronen dazu. Dann schneiden Sie die Zitronen in Scheiben und geben sie ebenfalls dazu, ebenso die Zitronen- oder Weinsäure.

- Schneiden Sie die Stengel der Holunderblüten ab und mischen Sie die Blüten unter den Schüsselinhalt.

ZUTATEN

- 1,8 kg Kristallzucker
- 1 l Wasser
- 2 Zitronen
- 75 g Zitronen- oder Weinsäure
- 25–30 große Holunderblütenstände

SICHERHEITSTIPPS

- Pflücken Sie nur, was Sie sicher als Holunderblüten erkennen.
- Ernten Sie nicht von Sträuchern an Straßen, da sie mit Abgasen belastet sein könnten.

- Bedecken Sie die Schüssel und lassen Sie das Ganze 24 Stunden stehen.

- Passieren Sie die Mischung durch ein Musselintuch und drücken Sie dabei so viel Saft wie möglich durch.

- Füllen Sie die Flüssigkeit in saubere Flaschen ab.

- Der Holunderblütensaft hält sich im Kühlschrank einige Wochen oder lässt sich auch einfrieren. Er hält sich nicht bei Zimmertemperatur.

REZEPTE MIT HOLUNDERBLÜTENSAFT

Selbstgemachten Holunderblütensaft kann man auf vielerlei Arten verwenden:

Als Erfrischungsgetränk Verdünnen Sie den Sirup mit stillem oder kohlensäurehaltigem Wasser. Ein leckeres Sommergetränk!

Mit Beeren Über frische Erdbeeren oder Himbeeren gegeben, verleiht der Saft den Früchten Süße und eine zarte Geschmacksnote.

Als Sommersorbet Geben Sie etwa 800 ml Wasser auf 200 ml Saft in einen Plastikbehälter und lassen Sie das Ganze 2 bis 3 Stunden lang gefrieren, dann rühren Sie es gut durch. Wiederholen Sie diesen Vorgang zwei- oder dreimal, um die Eiskristalle aufzubrechen und ein schön cremiges Sorbet zu erhalten. Dieses herrlich schmeckende Sorbet ist eine leckere Beigabe zu Beerenobst und an heißen Sommertagen besonders bei Kindern beliebt.

Holunder-Obst-Sauce Lassen Sie Obst wie Pflaumen oder Aprikosen in Holunderblütensaft und Wasser köcheln, bis das Obst weich ist. Pürieren Sie alles und geben Sie die Sauce über Vanilleeis.

WIESENGEHEIMNISSE

Durch Wiesen kann man rennen und die nackten Beine vom Gras kitzeln lassen. Man kann auch auf dem Rücken liegen, durch die kreuz und quer stehenden Grashalme gucken und nach Wolkentieren am Himmel Ausschau halten. Oder man kann auf der Suche nach versteckten Freunden oder kleinen Tieren durchs Gras kriechen. An unvergesslichen Sommernachmittagen, wenn unsere Familien sich auf einer Wiese am Flussufer treffen, stürzen sich die Kinder kopfüber ins Gras, verstecken sich im hohen, schaumigen Wiesenkerbel und inspizieren die kleinen Käfer, die in die Butterblumen krabbeln. Sie verbringen den ganzen Nachmittag mit Entdecken und Verstecken, Spielen und Ausruhen.

DAS BRAUCHEN SIE

- Lupe
- Schnur
- Selbstklebende Etiketten
- Kleine Schachteln
- Alte Pinsel
- Ein einfaches Bestimmungsbuch
- Ein altes weißes Laken oder eine Tischdecke

Traditionelle Heuwiesen sind für kleine Forscher spannend und lohnenswert, sie sind aber selten geworden; wiesenähnliche Lebensräume machen allerdings genauso viel Spaß. Halten Sie an Waldrändern und auf Waldlichtungen, auf Friedhöfen und Dorfwiesen, entlang Fußpfaden, Reitwegen und ehemaligen Bahndämmen danach Ausschau. Ob Sie eine »richtige« Wiese oder eine Graslichtung im Wald erforschen – behandeln Sie alle diese Lebensräume mit Sorgfalt und betreten Sie sie nur, wenn sie öffentlich zugänglich sind. Um Schäden möglichst gering zu halten, erkunden Sie Wiesen im Frühsommer vor der Mahd oder halten Sie sich an kleinere Grasflecken.

Bei vielen Aktivitäten, die hier beschrieben sind, geht es um wirbellose Tiere, die sich zwischen Gräsern und Sträuchern verbergen. Wenn Sie Ihren Kindern eine Lupe in die Hand drücken, öffnen Sie ihnen eine Tür zu einer ganz neuen Welt im Kleinen. Machen Sie sich keine Gedanken um die richtigen Tiernamen; lassen Sie den Kindern einfach die Freude, zu entdecken, wo die Tiere leben und wie sie sich verhalten. Für diejenigen, die es doch genauer wissen wollen, gibt es viele hervorragende Natur- und Bestimmungsbücher.

DURCH DEN GRASWALD KRIECHEN

Zwischen hohem Gras, Wiesenkerbel und Butterblumen warten Hunderte winziger Lebewesen darauf, von den durch die Wiese krabbelnden Kindern aufgespürt zu werden. So bringt die vorsichtige Untersuchung der schaumigen »Kuckucksspucke« auf dem Gras eine winzige Schaumzikadenlarve zum Vorschein. Ein seidenes Zelt, das zwischen Pflanzenstengeln gespannt ist, könnte kleine Spinnenkinder beherbergen (siehe Foto Seite 70), deren Mutter ganz in der Nähe Wache hält. Erdhügel könnten sich als Ameisenhaufen entpuppen, in denen Tausende fleißige Ameisen wohnen. Auf einem Ausflug hörten wir Jos Sohn Dan sagen: »Ich mag es, so durch das Gras zu krabbeln. Es sieht aus, als wäre ich ein Insekt!«

- Bevor es losgeht, erzählen Sie eine kleine Geschichte, zum Beispiel inspiriert von »Alice im Wunderland« oder »Liebling, ich habe die Kinder geschrumpft«. Vielleicht geben Sie jedem Kind auch eine besondere Leckerei oder ein Getränk und sagen ihm, dass es magische Schrumpfkräfte enthält.

- Geben Sie jedem Kind eine Lupe und lassen Sie sie auf allen vieren gehen oder sich auf den Bauch legen, um im hohen Gras auf Pirsch zu gehen. Dabei sollen sie sich vorstellen, selbst ein Teil der Wiesenwelt zu sein.

- Beim Krabbeln durch den Graswald sollen die Kinder gut auf alle Einzelheiten achten. Vielleicht sehen sie eine Raupe auf einem Blatt, eine Ameisenstraße in Reih und Glied oder Käfer, die im Nektar einer Blume schwelgen.

KLEINE PFADE

Anstatt aufs Geratewohl herumzukriechen, ziehen es die Kinder vielleicht vor, einer Schnur durch das Gras zu folgen – ganz ähnlich, wie Botaniker Markierungslinien, sogenannte Transekte, verwenden, um ein Profil von der entsprechenden Stelle zu erheben. Wenn sie dem Schnurpfad folgen, konzentrieren sich die Kinder besser und schauen genauer auf ihre Umgebung.

- Geben Sie jedem Kind ein Stück Schnur.

- Jedes Kind darf sich ein kleines Stück Wiese aussuchen und die Schnur benutzen, um einen Pfad oder eine Markierungslinie zu legen.

- Man kann die Schnur mit Hilfe von Zweigen befestigen.

- Lassen Sie die Kinder alle interessanten Dinge, die sie entlang der Schnur finden, erforschen.

- Der Schnurpfad kann durch verschiedene Lebensräume führen, etwa von Grasland über sumpfiges Gelände bis zu einem Teich. Fragen Sie die Kinder nach den verschiedenen Pflanzen und Tieren, die sie beim Krabbeln von einem Lebensraum zum anderen entdeckt haben.

LEBEN UNTER UNSEREN FÜSSEN

Viele Kinder haben schon oft Gärten, Parks oder Naturschutzgebiete besucht und wissen, dass jeder Ort sein eigenes Gesicht mit verschiedenen Lebensräumen und Möglichkeiten zum Verstecken und Spielen hat. Was sie aber vielleicht noch nicht bemerkt haben, ist, dass sogar sehr kleine Flächen eine Miniaturwelt für sich sind. Neben den erwähnten Transekten stecken Wissenschaftler, die einen Lebensraum untersuchen, zur Erfassung der Pflanzen auch Quadranten ab – Versuchsflächen, die Standardgröße und -form haben, aber zufällig festgelegt werden. Ermuntern Sie die Kinder dazu, sich selbst als Wissenschaftler zu betätigen und zu erkunden, was sich in einem selbstgesteckten Quadranten, ihrem eigenen kleinen Reich, finden lässt.

- Die Kinder suchen sich ein kleines Forschungsgelände aus; sie können es sich als Miniaturpark oder -naturschutzgebiet vorstellen, als Elfengarten oder Feental.

- Geben Sie jedem Kind ein paar Meter Schnur. Fordern Sie die Kinder auf, die Enden zu verknoten und die Schnur um ihr Areal zu legen.

- Kleben Sie Etiketten an einige Aststücke und markieren Sie damit die interessantesten Merkmale jedes Quadranten – einen Ameisenhaufen vielleicht, auf dem ein Wald aus Gras wächst, oder ein verrottendes Stück Holz, das ein vielbeiniges Monster, auch Tausendfüßler genannt, beherbergt.

- Lassen Sie die Kinder etwas aussuchen, was ihnen gefällt, etwa einen Flecken mit Wildblumen, ein Spinnennetz oder Kotbällchen eines Kaninchens. Ermuntern Sie sie auch, ihre Fantasie einzusetzen – vielleicht finden sie das Moosbett einer Fee, einen Elfenausguck oder den Giftpilz eines Kobolds.

- Wenn die Kinder ihren Quadranten nicht interessant genug finden, können sie ihn auch mit Schätzen verschönern, die sie anderswo aufgespürt haben.

- Die Kinder können sich auch ihre eigene Minilandschaft in einer Ecke des Gartens oder in einer Saatkiste, einem Blumenkasten oder sogar in einer Eierschale erschaffen. Kinder lieben es, Miniwelten zu erfinden, die die Wirklichkeit nachahmen. Der winzige Garten, der rechts abgebildet ist, wurde in einem mit schwarzem Plastik ausgeschlagenen Pappkarton gestaltet. Alle möglichen Pflanzenteile und andere Materialien wurden gesammelt, um Wege, Beete, Teich und Sitzgelegenheiten anzulegen.

GETIER IM GEBÜSCH

Wiesen und andere ungemähte Grasflecken sind oft von Bäumen und Sträuchern umgeben, die alle möglichen wirbellosen Insekten beherbergen. Hier kommen Laken oder Tischdecke zum Einsatz.

- Breiten Sie eine alte Tischdecke oder ein Laken unter einem Strauch aus. Sie können das Tuch auf den

Boden legen oder die Kinder bitten, es an den Ecken festzuhalten.

- Nun schütteln Sie die Äste des Strauchs vorsichtig, aber kräftig über dem ausgebreiteten Tuch.

- Dabei werden zahlreiche kleine Lebewesen auf das Tuch fallen, etwa kleine Fliegen und Käfer, Marienkäfer, Raupen und glänzende grüne Schildwanzen.

- Geben Sie sie vorsichtig in Plastikschachteln oder andere Behälter, um sie näher in Augenschein zu nehmen.

- Pinsel sind nützlich, um auch die kleinsten Tiere aufzunehmen. Bringen Sie den Pinsel nahe an das Tier, sodass es daraufklettern muss.

- Nachdem die Kinder die Insekten begutachtet haben, setzen sie sie vorsichtig wieder auf die Blätter des Strauchs.

INSEKTENJAGD MIT FANGNETZ

Auf einem Ausflug spazierten wir über eine Wiese und einen Feldweg entlang, der von hohem Gras und Blumen gesäumt war, als wir drei kleine Mädchen sahen, die mit einem Schmetterlingsnetz auf Insektenjagd gingen. Sie brauchten nur ein paar Schwünge, und schon hatten sie zahlreiche Käfer, Wanzen und Fliegen gefangen.

DAS BRAUCHEN SIE

- Alter Kissenbezug
- Nähmaschine/Nadel und Faden
- Drahtkleiderbügel

SICHERHEITSTIPP

- Achten Sie auf Insekten, die stechen könnten.

Mit einem großen Netz durch hohes Gras zu streifen, ist die effektivste Art, Insekten zu fangen, die sich zwischen den Halmen verbergen. Das Netz sollte sehr leicht sein, eine große Öffnung haben und umsichtig benutzt werden, um weder Mensch, Tier noch Pflanze zu verletzen.

- Schneiden Sie den Kissenbezug horizontal in der Mitte durch und legen Sie die Hälfte mit dem Verschluss beiseite.

- Nähen Sie am anderen Teil einen mindestens 2 cm breiten Saum, lassen Sie dabei ein kleines Stück offen.

- Biegen Sie den Drahtbügel auf und schieben Sie ein Ende des Drahts an der offenen Stelle in den Saumtunnel. Führen Sie den Draht rundum durch den Saum und nähen Sie dann den Saum an der offenen Stelle zu; die Drahtenden bleiben lose.

DAS FANGNETZ BENUTZEN

- Man hält das Netz mit der Öffnung im rechten Winkel zum Boden mit beiden Händen am oberen Netzrand.

- Schwingen Sie das Fangnetz in einem Bogen von einer Seite zur anderen, während Sie langsam vorwärtsgehen.

- Bleiben Sie nach einer Weile stehen und sehen Sie nach, was Sie gefangen haben. Benutzen Sie Plastikbehälter oder eine Lupe, um Ihren Fang besser betrachten zu können.

- Denken Sie daran, die Insekten wieder dort auszusetzen, wo Sie sie gefangen haben.

SCHAU GENAU HIN: GRÄSER

Wenn Sie glauben, alle Gräser seien gleich, sollten Sie noch mal genauer hinschauen. Kinder, die oft draußen spielen, wissen, dass sich markerschütternde Heuler produzieren lassen, wenn man über bestimmte Gräser bläst, dass einige süß schmecken und gelutscht werden können, andere weiche Blüten haben, die man den Stengel hinaufschieben kann und wieder andere scharf sind und Schnitte verursachen.

Bei einem Familienpicknick begannen die Kinder einmal in der Wiese Gräser mit unterschiedlichen Blüten und Samen zu sammeln; sie versuchten, so viele verschiedene Arten wie möglich zu finden, und klebten sie auf ein Blatt Papier. Als sie genauer hinschauten, wurde ein richtiger Wettbewerb daraus, denn sie merkten, dass einige Gräser, die sich auf den ersten Blick zu unterscheiden schienen, doch derselben Spezies angehörten. Das ist ein gutes Beispiel dafür, dass ein Wettbewerb eine Beschäftigung aufregender gestalten und Kinder für etwas begeistern kann, von dem Sie nie gedacht hätten, dass es ihnen Spaß machen würde.

Wenn Kinder über eine spätsommerliche Wiese gehen oder toben, bleiben in Hosenaufschlägen, Schuhen und Kleidungsstücken jede Menge Samen hängen. Klauben Sie sie ab, wenn sie wieder zu Hause sind, und säen Sie sie in einem Topf an, um zu sehen, ob sie keimen.

DIE FARBEN UM UNS

Wir gaben einer Gruppe von Kindern zwischen 18 Monaten und 13 Jahren je einen mit einer selbstklebenden Schicht versehenen Pappkarton (vorbereitet wie auf Seite 75 beschrieben). Die Aufgabe: Sie sollten darauf farbige Fragmente aus der Natur sammeln. Die Kinder gingen völlig darin auf, farbige Minimosaiken zu schaffen. Einige ordneten alles zufällig an, andere schufen präzise Muster; die Dritten sammelten so viele Farben wie möglich, und wieder andere suchten nach verschiedenen Nuancen und Beschaffenheiten einer einzigen Farbe. Sie arbeiteten zusammen, die Älteren halfen den Jüngeren, und während sie nach Farben suchten, bemerkten sie auch andere Dinge – eine Biene auf einer Blume, eine Raupe auf einem Blatt und ein breites Spektrum an Farbschattierungen selbst noch im kurz geschnittenen Rasen.

Die meisten von uns wissen die vielfältigen Farben der Natur nur im größeren Rahmen der Landschaft zu schätzen, aber wenn man einmal genauer hinschaut, gibt es überall viel zu sehen. Dies ist eine der einfachsten, aber auch eine der beglückendsten Beschäftigungen. Kinder aller Altersgruppen haben das ganze Jahr über ihren Spaß daran, am lohnendsten ist es aber in den Sommermonaten und im Herbst. Jeder natürliche Lebensraum oder Garten, in dem die Kinder Pflanzenteile sammeln können, eignet sich dafür.

MIT FARBEN SPIELEN

- Geben Sie jedem Kind einen mit doppelseitigem Klebeband überzogenen Pappkarton und helfen Sie ihm, die Deckschicht des Klebebands abzuziehen.

- Fordern Sie die Kinder auf, farbige Fragmente in der Natur zu sammeln, um sie auf der klebrigen Fläche anzuordnen.

- Machen Sie sie darauf aufmerksam, dass sie keine ganzen Pflanzen pflücken sollen, und zeigen Sie ihnen Arten, die in Hülle und Fülle vorhanden sind.

- Vielleicht brauchen die Kinder am Anfang ein wenig Hilfe. Zeigen Sie ihnen, wie sie einen Teil eines Blatts oder einer Blüte, ein flaumiges Samenkorn oder Körner vom Boden sammeln können.

- Machen Sie ein paar Vorschläge, falls nötig. Sie könnten am einen Ende des Kartons mit Rot anfangen und am anderen mit Grün aufhören und den Rest mit den Farbtönen dazwischen auffüllen oder ein kleines Bild anfertigen. Oder sie konzentrieren sich auf eine bestimmte Materialart, etwa Blätter, Blütenblät-

DAS BRAUCHEN SIE

Pappkarton, den Sie in kleinere Rechtecke oder Quadrate schneiden und jeweils eine Seite mit doppelseitigem Klebeband bekleben, etwa Teppichklebeband (in Baumärkten erhältlich). Bereiten Sie genügend Kartons vor und halten Sie in Ihrem Abenteuerrucksack immer einige in Reserve.

SICHERHEITSTIPP

Halten Sie die Kinder von giftigen oder stacheligen Pflanzen fern.

ter, Zweige oder Rindenstücke. Vielleicht halten sie auch nach verschiedenen Nuancen einer Farbe Ausschau oder suchen so viele Farben wie möglich.

- Versuchen Sie, mit der Beschäftigung eine Aufgabe zu verbinden. Wer bekommt die meisten Farben zusammen? Wer beklebt die gesamte Oberfläche des Kartons? Findet jemand alle Regenbogenfarben?

- Die Kinder können ihr Naturmosaik auch auf dickes weißes Papier kleben, um Grußkarten daraus zu machen, sie als Bild einrahmen oder als Lesezeichen in Folie einschweißen.

- Eine Alternative sind bunte Fenster aus natürlichen Materialien. Fixieren Sie einseitig klebende Plastikfolie auf einem Papprahmen. Die Kinder können dann Blütenblätter und Blätter auf das Plastik kleben; sie sollten dafür Materialien wie Mohnblumenblätter oder junge sommergrüne Blätter auswählen, die etwas Licht durchlassen.

- Machen Sie keine Vorgaben – überlassen Sie den Kindern die Entscheidung, was sie machen und wie sie die Farben, die sie finden, einsetzen wollen.

SOMMERDÜFTE

Im Alter von sieben Jahren durchkämmten meine Tochter und ihre Freundinnen den Garten nach bunten, abgefallenen Blütenblättern, die sie mit Wasser vermischten und zerstampften, um daraus ihr eigenes, süß duftendes Parfum zu machen. Dieses Lieblingsspiel wurde mit großer Hingabe gespielt – bis wir Tage später in einer Ecke des Gartens die zurückgelassenen Behälter mit dem vermodernden braunen Brei fanden.

Die Natur ist voll von Gerüchen, angenehmen wie unangenehmen. Da ist die Süße des Geißblatts, der Rose und der Holunderblüte, der Wohlgeruch von Kräutern wie Minze und Majoran, der moderige Gestank, den Stinkmorchel und Weißdorn verströmen, der beißende Geruch von wildem Knoblauch, die Schärfe von Kiefernharz oder der Hauch von Salz und Seegras am Meer. Der Sommer ist die beste Jahreszeit, um angenehme Düfte zu entdecken – jetzt strengen sich blühende Pflanzen mächtig an, um mit ihren Gerüchen Insekten anzulocken.

PARFÜMIERTE ZAUBERTRÄNKE

Dies ist eine gute Beschäftigung für eine Kinderparty. Die Kinder werden mit Inbrunst Zaubertränke herstellen, miteinander Blumen sammeln und zerstampfen und sich über die Düfte und bunten Farben freuen.

- Jedes Kind bekommt einen Plastikbecher mit etwas Wasser. Alternativ können die Kinder auch Gruppen bilden, um zusammen in einer Kanne einen Zaubertrank zu mixen.
- Jedes Kind sucht sich zuerst einen Stock zum Mixen.
- Fordern Sie die Kinder auf, nach Blättern, Blütenblättern oder Früchten zu suchen, die sie für ihren Zaubertrank verwenden können. Sie sollten Dinge wählen, die hübsch aussehen und interessant riechen.

DAS BRAUCHEN SIE

- Durchsichtige Plastikbecher oder -gläser/Kanne
- Wasser
- Stößel und Mörser

SICHERHEITSTIPPS

- Erinnern Sie die Kinder daran, dass solche Zaubertränke nur zum Anschauen und Riechen gedacht sind – niemals zum Trinken!
- Sorgen Sie dafür, dass keine giftigen Pflanzen verwendet werden!

- Die Kinder können ihre Funde direkt mit dem Wasser im Behälter vermischen oder sie zuerst mit dem Stößel im Mörser zerstampfen.

- Wenn alle mit dem Mixen fertig sind, rufen Sie die Kinder zusammen. Suchen Sie gemeinsam einen Namen für alle Zaubertränke, geben Sie sie herum und lassen Sie jeden daran schnuppern. Seien Sie vorgewarnt: Meistens wird irgendein Schlaumeier etwas Stinkendes in seinen Zaubertrank gegeben haben.

GEHEIME GERÜCHE

Haben Sie jemals versucht, Blätter oder Beeren nur am Geruch zu erkennen? Einige Gerüche sind so unverkennbar, dass man sich nicht täuschen kann, aber bei anderen brauchen wir einen Tipp, um sie identifizieren zu können. Hier geht es darum, geheimnisvolle natürliche Materialien an ihrem Geruch zu erkennen.

- Lassen Sie die Kinder sich hinsetzen und geben Sie jedem eine Augenbinde.

- Halten Sie den Kindern die Riechproben einzeln zum Schnuppern unter die Nase, mit der Frage, ob sie sie allein am Geruch bereits erkennen.

- Wenn sie damit Schwierigkeiten haben, geben Sie die Riechprobe herum, damit die Kinder sie anfühlen und riechen können.

DAS BRAUCHEN SIE

- Augenbinden, Tücher oder Schals für alle Kinder
- Stoffe aus der Natur, die stark riechen. Das können Blumen, Früchte, Kiefernnadeln, verrottendes Laub oder wilde Kräuter wie Minze, Thymian oder Majoran sein.

INNEHALTEN UND LAUSCHEN

Das Leben der Kinder ist voller Lärm – Fernsehen, Radio, Computerspiele und ihr eigenes endloses Geschnatter. Sie hören nicht hin und sind ständig von Lärm umgeben. Selbst wenn sie draußen spielen, rufen und schreien sie und achten dabei nicht auf die Geräusche der Natur. Und doch können Kinder auch ruhig spielen, wie das Schlafender-Löwe-Spiel immer wieder zeigt. Wenn eine Party zu laut wird, ist das eine gute Möglichkeit, überdrehte Kinder zu beruhigen und einige Minuten lang für Frieden und Stille zu sorgen. Die Kinder legen sich auf den Boden und versuchen, dabei ganz ruhig und stumm zu bleiben. Setzen Sie einen Preis auf den schläfrigsten Löwen aus, und der Raum wird sofort voller bewegungsloser, schweigender, auf dem Boden ausgestreckter Kinder sein.

Wenn wir uns nicht die Zeit nehmen, genau hinzuhören, verpassen wir die vielen Geräusche der Natur. Aber wenn wir aufmerksam lauschen, nehmen wir sie wahr: das Summen der Insekten, das eifrige Gezwitscher einer Schwalbe, das Trommeln eines Spechts, das Rascheln des Windes in den Bäumen, das Glucksen eines Bachs, ein fallendes Blatt, das auf dem Boden landet, das Aufplatzen von Samenkapseln im Sonnenschein … Versuchen Sie diesen Geräuschen Raum zu geben.

DAS SCHLAFENDER-LÖWE-SPIEL

- Heißen Sie die Kinder, sich im Kreis hinzusetzen oder hinzulegen. Als Alternative kann sich auch jedes Kind seinen eigenen Platz ein wenig abseits von den anderen suchen.

- Stellen Sie den Kindern eine Aufgabe: Wer schafft es, zehn natürliche Geräusche aufzuzählen, die er gerade gehört hat? Wer kann am längsten ruhig bleiben? Kann jemand Vogelstimmen erkennen? Oder Insekten und andere Tiere hören? Die Schlafender-Löwe-Methode funktioniert auch hier gut.

- Spielen Sie dieses Spiel an Orten in der Natur, wo es möglichst wenige Störgeräusche gibt.

- Nach einigen Minuten unterbrechen Sie die Stille und bitten die Kinder, zu beschreiben, was sie gehört haben. Wissen sie, welche Geräusche natürlichen Ursprungs sind und welche nicht?

- Wiederholen Sie das Spiel in verschiedenen Lebensräumen – auf einer Wiese, in einem Wald, am Ufer eines Bachs oder in einem Garten.

- Die lohnendsten Tageszeiten für den »Lauschangriff« sind der frühe Morgen und die Abenddämmerung.

TRAUMFÄNGER

Die amerikanischen Ureinwohner glauben, dass ein Netz aus Naturfasern am Bett eines Kindes die bösen Träume verjagt und nur die guten zu dem kleinen Schläfer durchlässt. Traumfänger aus kleinen Holzreifen, kreuz und quer mit Fasern bespannt und mit Federn und hübschem Naturschmuck verziert, sind auch eine attraktive Dekoration. Ihre Ursprünge reichen weit zurück, in eine Zeit, in der die amerikanischen Ureinwohner nur von dem lebten, was das Land ihnen bot. Heute sind Traumfänger sowohl aus künstlichen, wie Plastik und Perlen, wie auch aus natürlichen Materialien in vielen Ländern verbreitet. Traumfänger standen bei dieser Beschäftigung Pate, bei der die Kinder Holzrahmen mit natürlichen Materialien dekorieren.

DEN RAHMEN HERSTELLEN

- Biegen Sie einen geschmeidigen Zweig zu einem Kreis oder Oval und binden Sie die beiden Enden mit Wolle zusammen.
- Knüpfen Sie ein langes Stück Wolle (am besten von derselben Farbe wie der Zweig) am Reifen fest und winden Sie es kreuz und quer mehrere Male durch den Reifen – so lange, bis ein Netz entstanden ist.
- Bringen Sie als Aufhänger eine Wollschlaufe an und befestigen Sie an der gegenüberliegenden Seite zwei oder drei Fäden, an denen Sie Dekorationen aufhängen können.

DEN TRAUMFÄNGER VERZIEREN

- Nehmen Sie den Rahmen auf einen Spaziergang mit und sammeln Sie natürliche Materialien, mit denen Sie ihn dekorieren möchten.
- Vielleicht wollen die Kinder einen biegsamen Zweig oder Gräser um den Reifen winden.
- Sie können auch Gräser, Federn und Blumen ins Netz flechten.
- Vielleicht hängen sie als Trophäen Nüsse, Schalen oder Federn an die unten am Traumfänger angebrachten Fäden.
- Wenn Sie in der Natur unterwegs sind, können Sie einen ganz natürlichen Rahmen aus gegabelten Stöcken oder rund gebogenen Zweigen anfertigen. Vielleicht lassen Sie ihn zurück, damit andere Spaziergänger ihn weiterverzieren können.

DAS BRAUCHEN SIE

- Lange, biegsame Zweige
- Wolle
- Faden

LUFTSCHLÖSSER BAUEN

Für einige Kinder ist Sommer gleichbedeutend mit einer Reise ans Meer – mit Sandburgen-bau, Wellenhüpfen und Eiscremeessen. Aber eine Fahrt ans Meer kann so viel mehr sein: Da sind Bäche, die man aufstauen und umleiten kann, Gezeitentümpel voller Seeanemonen und Krabben, die erkundet werden wollen, Felsen, über die man kraxeln muss, und Sanddünen, in denen man sich verstecken kann. Wer mit einem Rechen den Strand umpflügt, kann Muscheln in allen Formen und Größen entdecken, bunte Steine, abgeschliffene Glasscherben, die Eikapseln, die man auch Seemäuse nennt und in denen die Jungen des Katzenhais heranwachsen, angespültes Treibholz und vielleicht das kugelförmige Gehäuse eines Seeigels. Egal, ob es eine Küste mit Sand, Kieseln, Felsen oder Schlamm ist, sie bietet immer zahlreiche Gelegenheiten für Spiele, Entdeckungen und Fantasieabenteuer.

Flüsse und Bäche sind genauso aufregend. Bei einem Urlaub am Mittelmeer weigerten sich Edward und Hannah standhaft, ans nahe Meer zu gehen, weil sie viel lieber jeden Tag zu ihrer Lieblingsstelle am Fluss wollten. Dort plätscherte das Wasser über Felsen und an Kiesbänken vorbei; in tiefen Felsbecken konnte man schwimmen und kleine Wasserfälle hinabschlittern. Die Kinder wurden zu furchtlosen Forschern, die über Felsen kletterten, um jungfräuliches Territorium zu erobern, in dem aus trägen Eidechsen grimmige Krokodile wurden und aus Tümpeln haiverseuchte Lagunen.

Luftschlösser mögen unrealisierbar sein, sogar für die lebhafteste Fantasie, aber Burgenbauen kann so viel mehr sein als ein paar umgestülpte Eimer Sand am Strand. Festungen, Paläste, Staudämme, Hügelgräber und Minidörfer sind nur einige der Bauwerke, die man an der Küste oder am Flussufer mit Fantasie und reichlich Steinen, Kieseln, Treibholz oder Sand errichten kann. Dabei können die Kinder sich auch ganz anderer Dinge bewusst werden, etwa der faszinierenden Vielfalt an Formen und Farben der Steine.

SPIELPLATZ KIESELSTRAND

Als wir einen wilden, verlassenen Strand erforschten, stolperten meine Kinder über ein halb verfallenes Dorf aus Kieselsteinen. Mauern aus Kieseln umgaben die kleinen Gärten, und Kieselpfade führten zu bröckelnden Kieselhäuschen; es sah so aus, als hätten die Bewohner das Dorf Hals über Kopf verlassen. Die Kinder waren entzückt, das unvollendete Werk von Unbekannten vorzufinden, adoptierten es sofort und verschönerten es mit noch mehr Häusern, Türmen und sogar Gärten aus Seegrasbäumen. Viel zu bald mussten wir wieder gehen, und die widerstrebenden Kinder ließen sich nur in der Hoffnung weglocken, dass eine andere Familie dort weitermachen würde, wo sie aufgehört hatten.

Steintürme Bauen am Strand kann eine Beschäftigung für die ganze Familie sein. Rufen Sie einen Wettbewerb aus, wer den höchsten Turm an der prominentesten Stelle errichtet oder wer die meisten Steine übereinander stapeln kann. Hier muss man natürlich aufpassen: Eine falsche Bewegung, und das Ganze fällt in sich zusammen. Man kann es auch einmal mit dem Kieselkegeln versuchen. Dazu baut man einen kleinen Turm aus Steinen und wirft kleinere Kiesel darauf, um ihn zum Einsturz zu bringen. Kinder werfen gern mit Steinen um sich, daher muss man bei diesem Spiel gut aufpassen.

SICHERHEITSTIPPS

- Wenn Kinder an einem Fluss oder Bach oder am Meer spielen, müssen sie beaufsichtigt werden; halten Sie sie stets von tiefem und schnell fließendem Wasser fern.
- Kleine muntere Bäche sind die kindersichersten Wasserläufe und scheinen auch besonders attraktiv zu sein, wahrscheinlich weil sie die richtige Größe für Kinder haben.

Steine mit Löchern Die Tochter einer Freundin war entzückt, als sie einen Stein entdeckte, in den das Meer ein Loch gewaschen hatte. Sie fädelte den Stein auf einen Bindfaden, den sie ebenfalls gefunden hatte, und suchte den Strand nach weiteren Steinen ab. Heraus kam eine ungewöhnliche und ziemlich schwere Halskette, die sie als Erinnerung an den Strand mit nach Hause nahm.

Tisch und Stuhl der kleinen Meerjungfrau Der Miniaturesstisch auf der nebenstehenden Seite entstand in stundenlanger Arbeit, bei der die Kinder geduldig nach den winzigen Einzelteilen suchten, die sie brauchten. Aus Treibholzsplittern wurde Besteck, aus Seegras Essen, aus Muscheln und Steinen Teller und Schüsseln und aus zwei kleinen Muscheln ein Trinkbecher. Das Festmahl wurde angerichtet und wartete nur noch auf eine kleine Meerjungfrau. Ein anderer Junge fertigte die Ausrüstung eines Seekriegers an (links oben): eine winzige Rüstung aus Seetang mit Fibeln und Epauletten aus Muscheln und dazu ein kleines Schwert.

Kieselfestungen Die kunstvolle Festung (links) wurde aus Steinen aller Formen und Größen gebaut, außerdem aus Treibholz und einem Stück Seil, das an den Strand gespült worden war.

Hügelgräber aus Stein Versuchen Sie einmal, bei Ebbe an der Küste kegelförmige Hügelgräber zu errichten. Wessen Hügelgrab wird der Flut am längsten trotzen?

Kieselmuster und -bilder Lassen Sie die Kinder Kiesel der verschiedensten Größen und Farben sammeln und damit auf dem Strand oder einem nahen Felsen Collagen anfertigen.

Kieselschätze Wer scharfe Augen hat, findet vielleicht mit etwas Glück Fossilien oder Halbedelsteine.

SICHERHEITSTIPP
Kleine Kinder sollten beim Spielen mit Steinen und Kieseln stets beaufsichtigt werden.

BAUWERKE AUS SAND

Feuchtsandburgen Sand von unterhalb der Flutgrenze tröpfelt angenehm durch die Finger und bringt wunderbare gotische Schlösser hervor. Der Sand muss genau die richtige Konsistenz haben: feucht genug, um formbar zu sein, und trocken genug, um die Form zu halten. Machen Sie einen Wettbewerb daraus: Wer baut den höchsten Feuchtsandturm? Wie viele Schlösser bringen die Kinder zustande?

Sandskulpturen Als wir an einem langen Strand unterwegs waren, stießen wir auf eine elegante, kurvenreiche Meerjungfrau, die uns aus dem Sand entgegenblickte. Sie war bis zu den Haarspitzen und Schwanzschuppen perfekt modelliert. Davon inspiriert, legten die Kinder sofort los und bauten ihre eigenen Sandskulpturen, bis nach sorgfältiger Arbeit eine Schildkröte und ein Delfin entstanden waren.

Muschelmosaiken In einem Urlaub fanden unsere Kinder Hunderte Muscheln an einem entlegenen Strand verstreut. Anstatt sie in ihren Eimern zu sammeln, beschlossen sie, Muschelbilder zu legen; eine sorgfältig gestaltete Krabbe und ein Delfin waren das Ergebnis, das sie am Strand zurückließen, damit andere es finden könnten. Manchen Kindern mag es schwerfallen, ihre Meisterwerke zurückzulassen, daher sollten Sie sie mit der Kamera festhalten; vielleicht legen Sie ein ganzes Album von solchen kurzlebigen, an den verschiedensten Orten entstandenen Kunstwerken an.

Muschelsammlungen Kinder lieben es, Muscheln verschiedener Formen und Größen zu sammeln. Wenn Sie schon eine Muschelkollektion zu Hause haben, könnten die Kinder damit Mosaiken in einem Sandkasten oder Beet legen. Wenn es etwas haltbarer werden soll, setzen Sie die Muscheln in Gips.

SKULPTUREN AUS STRAND- UND TREIBGUT

Viele Strände sind übersät mit nicht biologisch abbaubarem Müll, der meist von Schiffen draußen auf See angespült wird. Dieser Abfall ist unansehnlich, aber manches davon kann man trotzdem für ungewöhnliche Skulpturen benutzen. Indem Sie das Material für Ihre Kunstwerke zusammensuchen, helfen Sie außerdem, den Strand aufzuräumen. Stellen Sie sich Ihre Überraschung vor, wenn Sie einen langen, schmalen Felspfad zu einem verlassenen Strand hinuntergeklettert sind und plötzlich vor einem lebensgroßen Pferd aus Strandgut mit einer rosa Flip-Flop-Zunge und einem dicken Fell aus verknoteten Seilen stehen! Genau das passierte Jo und ihren Kindern – obwohl sie all den Müll am Strand scheußlich fanden, entzückte sie das verrückte Pferd. Den Rest des Urlaubs verbrachten sie damit, verschiedene Strände zu durchkämmen und alle möglichen seltsamen und wunderbaren Kreaturen aus Plastik und Seil zu kreieren. Ihr Liebling war ein Löwe mit einer orangefarbenen Mähne aus Seil und Pranken aus Gummihandschuhen, den sie als Torwächter zu einem verschwiegenen Strand zurückließen – in der Hoffnung, dass er eine andere Familie überraschen und inspirieren würde.

SICHERHEITSTIPPS

- Spiele am Strand müssen immer von einem Erwachsenen beaufsichtigt werden.
- Vergewissern Sie sich, dass der Müll nicht mit Öl oder Teer kontaminiert ist und die Kinder unbedenklich damit spielen können.
- Plastikbehälter, die giftige Substanzen enthalten haben könnten, sollte man nie anfassen.
- Unbenutzten Strandabfall hinterlässt man auf einem ordentlichen Haufen, wenn die Skulptur fertig ist. Nutzen Sie die Gelegenheit, zur Säuberung des Strandes beizutragen.

STROHPUPPEN

Stroh von abgeernteten Feldern wurde schon immer, seitdem der Mensch Getreide anbaut, zu Strohpuppen gebunden. Die Bezeichnung »Puppe« ist allerdings irreführend. Traditionell hatten »Strohpuppen« die Form von Knoten, Fächern, Laternen und alle möglichen anderen Formen, die aber nur selten an Puppen erinnerten. Ursprünglich hatten sie große rituelle Bedeutung; man glaubte, dass sie den Erntegott verkörperten und für eine erfolgreiche Ernte im nächsten Jahr sorgen würden. Oft verwendete man sie als Erntedankschmuck, den man anschließend bis zur Erntezeit im nächsten Jahr in der Küche aufhängte. Strohreste werden noch immer für Strohpuppen benutzt, auch wenn diese heute eher dekorativen denn rituellen Zwecken dienen.

Auf einem Spaziergang zu einem abgeernteten Getreidefeld sammelte eine Gruppe von Kindern geschnittenes Stroh und dünnere Gräser, die am Feldrand wuchsen. Sie flochten die Halme zu einer kunterbunten Sammlung von Strohpuppen und Strohwesen. Später bauten sie Höhlen im hohen Gras, rannten über die Stoppeln und genossen die letzten goldenen Stunden der Freiheit am Ende der langen Ferien. Sie nahmen auch Stroh und Gräser mit nach Hause, um daraus die oben abgebildeten Strohpuppen zu basteln.

EINE STROHPUPPE HERSTELLEN

- Ein ordentliches Bündel Halme wird mit Bast zusammengebunden und die Enden mit der Schere getrimmt.
- Für die Beine und Füße teilt man das Stroh der unteren Hälfte in der Mitte und bindet beide Teile mit Bast ab.
- Für die Arme befestigen wir ein dünneres Strohbündel ebenfalls mit Bast im rechten Winkel an der Puppe.
- Nun kann man noch dünnere Gräser, Blätter oder Kerne einflechten, um die Einzelheiten zu modellieren.

DAS BRAUCHEN SIE

- Stroh und einige übrige Weizen- oder Gerstenähren von einem abgeernteten Feld
- Einige dünnere Gräser und ein paar Blätter und Kerne
- Bast
- Schere

SICHERHEITSTIPP

Beaufsichtigen Sie kleine Kinder immer, wenn sie mit der Schere hantieren.

HERBST

DER HERBST IST DA!

Der Herbst schleicht sich fast unmerklich an; wenn die Sommerhitze allmählich schwindet, werden die Abende kühler und nach und nach auch die Tage kürzer. Ein weicheres, zarteres Licht ersetzt den gleißenden Sommersonnenschein, und morgens, wenn es neblig ist, liegt der Tau schwer auf dem Gras oder hängt in Perlen in den Spinnweben. Die Jahreszeit des Wachstums ist zu Ende, und mit der ersten Ahnung von Frost beginnt das Laub die Farbe zu wechseln, um dann abzufallen. Die Kinder werden einige dieser Veränderungen vielleicht bemerken: Sie spüren einen kühlen Hauch in der Luft, sie müssen nicht mehr ins Bett, wenn es draußen noch hell ist, und sie können im raschelnden, bunten Laub spielen, Kastanienbäume plündern und nach saftigen Beeren suchen.

Herbst ist Erntezeit – jetzt ist mehr Nahrung in der Natur vorhanden als zu jeder anderen Zeit des Jahres. Die Tiere schwelgen und legen Vorräte an reifen Früchten und Kernen an; damit tragen sie unabsichtlich zur Verbreitung der Pflanzen bei. Vertreter aller möglichen Spezies bereiten sich auf den Winter vor – einige sammeln Kräfte für die Reise in wärmere Länder, andere setzen Körperfett an, das ihnen in den bevorstehenden kalten Monaten das Überleben sichert. In der Menschenwelt ist die Getreideernte eingefahren, nun ist es Zeit für Nüsse und Beeren.

Als unser Leben noch untrennbar mit den Jahreszeiten verbunden war, war der Herbst die Zeit, in der man Nahrung haltbar machte und für den Winter konservierte. Diese Abhängigkeit vom Jahreszyklus ist längst Vergangenheit, die Menschen der Industrienationen können heute essen, was sie wollen und wann sie es wollen. In den Regalen der Supermärkte stapeln sich die Schätze aus der ganzen Welt, und wir können das ganze Jahr über Erdbeeren essen, so oft wir möchten. Wenn sie lernen, dass ihr Leben vom Anbau und der Produktion von Lebensmitteln abhängt, entwickeln Kinder wieder eine Beziehung zur Natur.

Nahrungsmittel kostenlos sammeln zu dürfen, verschafft uns ein tiefes Gefühl der Zufriedenheit. Zu den Erinnerungen an Herbsttage in unserer Kindheit gehören tiefrot bekleckerte Finger und der süße Geschmack der Beeren. Brombeeren wachsen genau in Augenhöhe von Kleinkindern, die sie direkt vom Strauch abpflücken können. Suchen Sie Sträucher aus, die abseits der Straße liegen, und lassen Sie den Kindern die Freude am Schlemmen in der Natur, aber halten Sie sie auch dazu an, ein paar Brombeeren mit nach Hause zu nehmen. Selbst wenn sie keinen Brombeerkuchen mögen, werden sie kalten Brombeershakes mit Naturjoghurt und etwas Honig nicht widerstehen können. Beeren sind die einzigen Wildfrüchte, die zahlreiche Leute noch heute sammeln, und sie haben daher die wichtige Funktion, uns an die Natur außerhalb der Städte zu binden. Nehmen Sie die Kinder mit, wenn Sie Beeren, Esskastanien, Holzäpfel, wilde Zwetschgen und Schlehen ernten gehen. So tragen Sie auch zur Vertiefung der Verbindung zwischen uns und den natürlichen Rhythmen der Natur bei.

MIT NATURFARBEN MALEN

Auf einem Herbstspaziergang entdeckten Kinder aus einem Kindergarten einen Strauch, der schwer von Holunderbeeren bis auf den Weg herabhing, und sie bestanden darauf, ein paar Zweige davon mitzunehmen. Zurück im Hort, griffen sie sich ganze Hände voller Beeren und quetschten sie so lange aus, bis roter Saft durch ihre Finger rann. Daraus gewannen sie ihre ganz eigene blutrote Pflanzenfarbe, mit der sie als Erinnerung an ihren Herbstspaziergang begeistert Handabdrücke und Bilder anfertigten.

Die Natur war lange Zeit ein Lieferant für Farbpigmente. Obwohl das Extrahieren von Farbstoffen ein komplexer technischer Prozess ist, macht es Kindern viel Spaß, beim Herumexperimentieren herauszufinden, dass verschiedene Pflanzen auch verschiedene Farben hervorbringen. Einige wilde Früchte und Blätter ergeben recht schnell eine Farbe: Purpur von Holunder- und Brombeeren, Gelb von Holzäpfeln, ein tiefes Blauschwarz von Schlehen und Zwetschgen und Grün in verschiedenen Nuancen von Gras.

Alte Felsmalereien der Aborigines von Tieren und geheimnisvollen Naturgeistern, die die Kinder in einem Australienurlaub gesehen hatten, regten uns zu einem Spaziergang am Waldrand an, bei dem wir nach natürlichen Farblieferanten Ausschau hielten. Unser Ziel war es, unsere eigenen Farben herzustellen und Muster und Bilder auf Baumstämme und Rindenstücke zu zeichnen. Dabei gab es auch Überraschungen, denn die Kinder konnten nicht immer vorhersagen, welche Farbe ihr Rohmaterial jeweils hervorbringen würde.

FARBEN HERSTELLEN

- Halten Sie die Kinder an, sich umzusehen und zu überlegen, welche Pflanzenstoffe Farbe abgeben könnten. Auf diesem Ausflug beschlossen die Kinder, mit Holunderbeeren, Brombeeren, Gras und Hagebutten zu experimentieren.

- Wenn Sie sich nicht sicher sind, ob Sie giftige Früchte erkennen würden, nehmen Sie ein gut illustriertes Bestimmungsbuch mit – oder jemanden, der sich mit wilden Pflanzen auskennt.

- Jeder Pflanzenstoff wird getrennt mit dem Stößel im Mörser zerkleinert (falls nötig Wasser hinzufügen). Viele Kinder haben ihre Freude daran und gehen völlig in dieser Tätigkeit auf. Dabei benutzen sie gern auch die bloßen Hände und beschmieren Arme und Gesicht mit »Kriegsbemalung«.

- Fragen Sie die Kinder, ob die Farbe herausgekommen ist, auf die sie getippt hatten. Einige Farben sind kräftig und lebhaft, andere zarter und schwieriger zu extrahieren.

- Damit der Farbstoff geschmeidig wird, passiert man die Mixtur durch ein Teesieb in einen Behälter.

- Mit der Farbe kann man große Blätter, Rindenstücke oder einen Baumstamm bemalen. Malen Sie Bilder, Muster oder Handabdrücke oder auch Wegweiser für einen Pfad, dem andere folgen können.

- Zartere Farben wirken draußen in der Natur weniger gut. Nehmen Sie sie mit nach Hause, damit die Kinder damit auf Papier malen können: Bilder oder Muster als Erinnerung an die natürlichen Farben des Herbstes.

DAS BRAUCHEN SIE

- Mörser und Stößel
- Kleine Plastikschüsseln und Behälter mit Deckel, etwa Filmdosen
- Teesieb
- Papier und alte Pinsel
- Alte Kleidung (da es sicher Kleckser gibt)

SICHERHEITSTIPPS

- Stellen Sie nur aus ungiftigen Pflanzen Farbstoffe her.
- Wenn Sie Pflanzen nicht sicher bestimmen können, nehmen Sie einen Naturführer mit.
- Sorgen Sie dafür, dass die Kinder sich am Schluss gründlich die Hände waschen.

HERBSTKOLLEKTION

Früh schon trugen Naturforscher ihr Wissen über die Natur in Sammlungen zusammen. Sie stahlen Eier aus Vogelnestern, pressten Wildblumen und konservierten Insekten; dabei machten sie sich detaillierte Notizen über ihre Funde, aus denen allmählich ein umfassendes Bild von der Vielfalt unserer Natur entstand. Dank der überwältigenden Fülle des Herbstes an buntem Laub, Früchten und Kernen dürfen wir auch heute noch Souvenirs aus der Natur mit nach Hause nehmen.

Kinder lieben es, Dinge zu sammeln, seien es Spielkarten, Fußballsticker oder die traditionellen Murmeln oder Kastanien. Sie zählen, sortieren und vergleichen ihre Sammelstücke liebevoll – und freuen sich an ihnen. Im Herbst belagern die Kinder jeden erreichbaren Kastanienbaum und sind ganz wild darauf, die größten, dicksten, glänzendsten, perfektesten Kastanien zu suchen. Sie brechen jede der stacheligen dunkelgrünen Kugeln auf, um die glatte, blanke Kastanie in ihrem weichen weißen Bett freizulegen und ihre Taschen mit den größten und schönsten Exemplaren zu füllen. Die meisten Kastanien enden in Schachteln und Dosen versorgt, um dann immer wieder gezählt, arrangiert und verglichen zu werden. Vielleicht ist das Spielen mit Kastanien auch nur eine Ausrede für die reine Freude am Anlegen und Pflegen einer Sammlung.

SAMEN SAMMELN

Obwohl die meisten Bäume riesige Mengen an Samen und Kernen produzieren, finden nur wenige davon den richtigen Ort, um zu keimen und zu wachsen. Der größte Teil wird gefressen oder verrottet einfach. Das bedeutet, dass es viele Kerne gibt, die die Kinder sammeln und kreativ verwenden können.

Ahornsamen Werfen Sie Ahornsamen mit ihren Flügelblättern in die Luft, um zu sehen, wie sie sich zur Erde hinunterschrauben.

Eicheln Es macht Spaß, Eicheln aus ihren Fruchtbechern zu lösen. Lassen Sie die Eicheln für die Eichhörnchen zurück und verwenden Sie die Fruchtbecher zum

SICHERHEITSTIPP

Sorgen Sie dafür, dass die Kinder keine giftigen Pflanzen und Früchte sammeln.

Spielen; es wird zum Beispiel ein kleines Teeservice für ein Elfenhaus daraus.

Haselnüsse Die von den Sträuchern gesammelten reifen Nüsse schmecken köstlich.

Hagebutten Aus Hagebutten kann man Sirup und Konfitüre machen; eine Tasse Hagebuttenmark enthält mehr Vitamin C als 40 Orangen. Kinder lassen sich allerdings mehr von den Samen beeindrucken, die in kitzligen Haaren stecken und ein sehr wirkungsvolles Juckpulver ergeben, wenn man sie aus der Hülle löst. Bewahren Sie ein paar Hagebutten und andere Beeren an einem kühlen Ort auf; dann können Sie sie gleich für die Dekorationen auf Seite 130ff. verwenden.

Zapfen Tannenzapfen eignen sich für vielfältige Bastelarbeiten. Auf einem Herbstspaziergang sammelten ein paar Jungen Kiefernzapfen, befestigten Aststücke als Beine daran und machten Schweine daraus, die sie auf einem Ast aufreihten. Mit Farnstücken als Flügel wären fliegende Schweine daraus geworden ... Sammeln Sie verschiedene Arten und Formen von Zapfen. Wie viele verschiedene Tiere lassen sich daraus gestalten? Verwenden Sie Zweige als Beine, Kerne als Augen und Blätter als Ohren.

BÄUME PFLANZEN

Als nach einem langen Streifzug durch den Herbstwald die Kinder ihre Taschen leerten, kam eine Sammlung glatter, glänzender Eicheln heraus. Einige davon steckten sie in Pflanzentöpfe, die sie im Garten draußen stehen ließen und gleich wieder vergaßen. Im folgenden Frühling fanden sie sie wieder und entdeckten kleine grüne Schößlinge, die sich ihren Weg nach oben ans Licht bahnten. Den Sommer über wässerten die Kinder ihre winzigen Setzlinge sorgsam und sahen zu, wie sie immer stärker wurden. Im folgenden Winter verpflanzten sie sie auf die Dorfwiese, wo sie genug Platz zum Wachsen hatten.

Baumsamen brauchen Kälte, bevor sie keimen, daher ist es relativ leicht, wenn auch langwierig, daraus einen Schössling zu ziehen. Die kleinen Bäumchen können ein paar Jahre im Topf gezogen werden, sollten dann aber an einem geeigneten Ort ausgepflanzt werden (fragen Sie bei einer örtlichen Baumschule nach). Dies ist eine gute Art, Kinder daran zu beteiligen, Lebensraum für die Zukunft zu schaffen; es ist aber wichtig, dass die Bäume an einem geeigneten Ort gepflanzt werden und dass sich jemand auch danach um sie kümmert.

WALDMOBILES

Diese Beschäftigung verbindet die Freude und Spannung des Sammelns mit der Anfertigung eines herbstlichen Andenkens und wird die Kinder an den Herbst erinnern, wenn der Winter schon da ist.

EIN MOBILE BASTELN

- Sammeln Sie auf einem Herbstspaziergang Blätter, Kastanien, Eicheln, Zapfen, geflügelte Ahornsamen, Bucheckern und Rinde vom Waldboden. Suchen Sie an Sträuchern nach Hagebutten und anderen Beeren oder auf der Wiese nach Gräsern und Samenkapseln.

- Die Kinder dürfen sich ihre eigenen Schätze aussuchen – etwas, das ihnen besonders gut gefällt. Aber sorgen Sie dafür, dass sie nur sammeln, was auch im Überfluss vorhanden ist.

- Nehmen Sie die Sammlung mit nach Hause oder machen Sie das Mobile draußen in der Natur.

- Suchen Sie sich einen etwa 30 cm langen Stock. Für ein komplexeres Mobile suchen Sie zusätzlich noch ein paar kürzere Stöcke.

- Stechen Sie mit Spieß oder Ahle Löcher durch die Kerne und Nüsse (vielleicht muss hier ein Erwachsener helfen).

- Das Ende der Schnur oder des Wollfadens wird mit einem Knoten verknüpft und dann werden mit Hilfe der Sticknadel die Schätze auf die Schnur aufgefädelt. Dabei sollten sich leichtere und schwerere Stücke abwechseln, sodass das Gewicht gleichmäßig verteilt ist.

- Experimentieren Sie mit Form, Größe und Farbe und probieren Sie den besten Effekt mit verschiedenen Arrangements von Blättern und Kernen aus.
- Knüpfen Sie die Schnüre an den Stock und balancieren Sie sie vorsichtig aus.

- Für ein komplexeres Mobile mit zusätzlichen waagrechten Stöcken befestigen Sie als Aufhänger ein Stück Schnur oder Wolle zu beiden Seiten des großen Stocks.

- Hängen Sie das Mobile zwischen den Bäumen auf, damit Sie sich auch auf künftigen Spaziergängen daran freuen können, oder nehmen Sie es mit nach Hause und hängen Sie es außen ans Fenster. Beobachten Sie, wie es sich im Wind bewegt und sich im Verlauf vom Herbst zum Winter langsam verändert.

DAS BRAUCHEN SIE

- Beutel
- Schnur/Wolle
- Spieß/flache Ahle
- Sticknadel

SICHERHEITSTIPPS

- Sorgen Sie dafür, dass die Kinder keine giftigen Pflanzen und Früchte sammeln.
- Ein Erwachsener sollte die Kinder beaufsichtigen, wenn sie mit Spießen, Ahlen oder Sticknadeln hantieren.

FLIEGENDE TEPPICHE

Die fliegenden Teppiche aus den Kinderbüchern tragen uns auf abenteuerlicher Fahrt überallhin. Vielleicht sind sie kunstvoll geknüpft und reich verziert mit exotischen und komplizierten Mustern in warmen Herbstfarben – aber vielleicht entstehen all diese Muster und Details auch nur in unserer Fantasie ...

Beim Besuch eines in Herbstfarben leuchtenden Arboretums fanden wir ein großes, ordentliches Rechteck aus Stöcken im Gras – ein Rahmen, der darauf wartete, gefüllt zu werden. Ein Stück weiter trafen wir Schulkinder, die eifrig Blätter, Fichtenzapfen, Kastanien, Kiefernnadeln und Kerne vom Waldboden aufklaubten. Als wir zu dem Rahmen aus Stöcken zurückkehrten, waren Kinder gerade dabei, ihn sorgsam mit Collagen ihrer Funde zu füllen. Jedes von ihnen arbeitete an seinem eigenen Abschnitt; einige legten Muster und Formen, andere Bilder von Tieren, jedes in seiner eigenen Art. Beim Weitergehen entdeckten wir mehrere riesige Collagen, die den Boden wie einen Teppich bedeckten, alle schön angelegt und zurückgelassen, damit andere sie finden würden. Da gab es Teddybären aus Kastanien und Zapfen, beerengeschmückte Kreise aus leuchtendem Laub, Nester aus Gras und offenbar rein willkürliche Muster aus Herbstfarben. Diese kurzlebigen Kunstwerke aus den natürlichen Materialien der Umgebung offenbarten einen fantasievollen Umgang mit Formen, Strukturen und Farben. Später erfuhren wir, dass es fliegende Teppiche waren, die im Rahmen eines Kunstprojekts für die Schulen am Ort geschaffen wurden.

SICHERHEITSTIPP
Sorgen Sie dafür, dass die Kinder keine giftigen Pflanzen und Früchte sammeln.

EINEN FLIEGENDEN TEPPICH ANLEGEN

Kinder mit lebhafter Fantasie träumen vielleicht davon, mit dem fliegenden Teppich, den sie aus ihren gesammelten Schätzen an Laub und Kernen gefertigt haben, irgendwohin zu düsen. Dies ist eine ideale Beschäftigung für die ganze Familie, denn sie hat für jede Altersgruppe ihren Reiz. Mit den an Ort und Stelle gefundenen Materialien lässt sich wunderbar die Wertschätzung ausdrücken, die man diesem Ort entgegenbringt, und es wird auch noch anderen Menschen Freude machen und sie inspirieren.

Fliegende Teppiche kann man in allen Größen anlegen; die Kinder sollten sich dabei von den Materialien inspirieren lassen. Ein Kind verwendete rote Beeren für ein Gesicht, das aus dem Gras lugte, während sich ein zweites ein gerahmtes, kompliziertes Muster ausdachte.

Bei einem Ausflug mit einer großen Gruppe Kinder teilten sich die Jungen und Mädchen auf, um jeweils ihren eigenen fliegenden Teppich anzufertigen. Die Mädchen legten einen Fantasiefisch aus Rindenstücken und buntem Laub; die Jungen fertigten ein detailreiches Bild an, das von der Umgebung inspiriert war, mit einem Feuer, einem Baum und einem Pfau. Beide Gruppen fanden ihren eigenen Weg, mit dem Material umzugehen und im Team zusammenzuarbeiten.

Wie alle kurzlebigen Kunstwerke kann man auch die fliegenden Teppiche immer wieder aufsuchen, um zu sehen, wie sie sich mit der Zeit, der Natur und den Elementen verändern, während der unvermeidliche Prozess des Verfalls einsetzt.

ELFENHÄUSER

Tiere in freier Wildbahn sind generell sehr scheu und schon für aufmerksame Erwachsene kaum zu entdecken, ganz zu schweigen von lärmenden Kindern. Soviel wir auch über Dachse und Füchse, Wiesel und Hirsche wissen, so selten sehen wir diese Lebewesen – manchmal fragen wir uns sogar, ob es sie überhaupt gibt. Daher ist es nachzuvollziehen, wenn Kinder glauben, dass winzige Gesellen – verschwiegene Feen oder mutige Elfen – im Wald und im Garten wohnen, uns insgeheim beobachten und uns aus dem Weg gehen, so wie auch Tiere es tun.

Vielleicht warten diese Elfen und Feen ja nur darauf, dass die Kinder ihnen Häuser bauen, in die sie einziehen können, sobald sie den Wald wieder für sich haben. Das kleine Volk des Waldes lebt vielleicht in einem dunklen Loch zwischen den Wurzeln eines Baums, wo es ein weiches Bett aus Moos und Haselnüsse als Lebensmittelvorrat findet. Oder es zieht einen Hohlraum im Erdboden unter einem Dach aus Zweigen und Laub vor, mit einem Steintisch und Eichelbechern sowie einem Festmahl aus Weißdornbeeren auf einem Blattteller. Ein Elfenritter könnte einen Ausguck brauchen, etwa einen Spalt in einem Baumstamm, der nur über eine winzige Leiter zugänglich und von einer starken Rindentür geschützt ist.

Elfenhäuser aus den Materialien zu bauen, die man egal wo gerade findet, ist eine großartige Möglichkeit, seine Fantasie auszuleben. Jake und Edward errichteten sie sogar in einer Ecke des Schulhofs; dafür brauchten sie nur Erde, ein paar Steine und Zweige und jede Menge Fantasie. Mädchen und Jungen jeden Alters lieben es, ihre eigenen kleinen Welten zu erschaffen, und sie spielen mit solcher Intensität, dass die Realität nicht in die lebendigen, magischen Orte einbrechen kann, die sie sich vorstellen.

ELFENHÄUSER BAUEN

Elfenhäuser kann man überall bauen, wo natürliche Materialien zur Verfügung stehen, etwa abgefallene Blätter, Früchte und Nüsse, wie es sie im Herbst so zahlreich gibt. Nehmen Sie nichts anderes mit – hierbei geht es ausschließlich darum, das Beste aus dem zu machen, was da ist, und herauszufinden, wie sich verschiedene Dinge verwenden lassen.

- Suchen Sie einen geeigneten Ort für ein Elfenhaus, vielleicht zwischen den Wurzeln eines Baumes, in einem hohlen Baumstumpf, in einem Steinhaufen oder in einer Mulde am Boden. Die Kinder sollen sich ihren eigenen Platz aussuchen: Er sollte ihre Fantasie anregen und alles haben, was sie für wichtig halten.

- Suchen Sie Farne, Zweige, Moos, Haselnüsse, Bucheckern, Eicheln oder was auch immer sich an Geeignetem findet. Beim Suchen und Spielen werden die Kinder immer vertrauter mit den natürlichen Materialien, und vielleicht beginnen sie sogar ein Bewusstsein für den nie endenden Prozess des Werdens und Vergehens zu entwickeln, wenn sie verrottende Blätter und zerkaute Nüsse finden.

- Geben Sie den Kindern viel Zeit für diese Beschäftigung.

- Suchen Sie einen Ort aus, an den sie jederzeit zurückkehren können. Wenn die Elfenhäuser gut zu erreichen sind und an einer Stelle stehen, an der sie keinen Schaden nehmen, wird vielleicht ein fortdauerndes Spiel daraus, bei dem die Kinder nach und nach eine Burganlage oder ein Miniaturdorf dazubauen und immer wieder umbauen.

- Auf einem Ausflug fertigte ein einfallsreicher Junge aus Zweigen kleine Bogen und Pfeile an. Obzwar nur wenige Zentimeter lang, funktionierten sie wirklich und waren gut genug, um dem Elfenvolk als Waffe dienen zu können. Er machte sogar einen winzigen Köcher aus einem ausgehöhlten Pflanzenstengel.

- Suchen Sie unterschiedliche Landschaftsräume auf, sodass die Kinder mit vielfältigen Materialien experimentieren können.

- Vielleicht könnte auch eine Ecke im Garten für die Elfenhäuser reserviert werden. Die Kinder könnten aus dem Puppenhaus Ferienhäuser für die Puppen bauen, ein befestigtes Schloss für ein Soldatenbataillon oder Ställe und Scheunen für Bauernhoftiere aus Plastik. Hier haben Sie die Möglichkeiten, Grenzen zu verschieben, Spiele für drinnen nach draußen zu verlegen und damit viel mehr Gelegenheiten für fantasievolle Spiele zu schaffen, als sie vorgefertigtes Spielzeug zu bieten hat.

SICHERHEITSTIPPS

- Lassen Sie die Kinder keine Pilze oder giftigen Beeren sammeln.
- Sorgen Sie dafür, dass sie sich gründlich die Hände waschen, wenn sie mit den Elfenhäusern fertig sind.

ÜBER ALLEN WIPFELN

Wir nehmen die Dinge um uns herum auf Boden- oder Augenhöhe wahr, aber wir schauen nur selten nach oben, um zu sehen, was dort vor sich geht. Bei einem Waldspaziergang bleibt der Lebensraum auf dem Dach des Waldes völlig unbeachtet, und doch ist es eine komplexe Welt aus Ästen und Blättern, die von Vögeln, Eichhörnchen und einer Unzahl an wirbellosen Tieren bewohnt wird.

Am besten kann man hinauf in die Baumwipfel schauen, wenn man sich auf den Boden legt. Es gibt aber noch eine zweite Methode: Benutzen Sie einen Spiegel, um beim Herumlaufen im Wald immer einen guten Blick auf das Baumdach zu haben.

Auf unserem Skulpturenpfad am Ort wurden alte Autoaußenspiegel hoch oben in den Bäumen aufgehängt. Unser Lieblingsspiel war es herauszufinden, wer die meisten Spiegel entdeckte – ganz schön knifflig, da jeder Spiegel durch das Spiegelbild des umgebenden Waldes getarnt war.

WIE MAN IN DIE WIPFEL BLICKT

- Zeigen Sie den Kindern, wie sie den Spiegel über dem Nasensattel, gleich unter den Augen, halten müssen. Wenn sie dann nach unten in den Spiegel schauen, haben sie einen perfekten Blick auf alles, was sich über ihnen befindet.

- Lassen Sie die Kinder mit dem Spiegel in dieser Position langsam herumgehen. Dabei sollen sie die Form der Äste und die Farben der Blätter betrachten und nach Vögeln und Eichhörnchen Ausschau halten.

- Fordern Sie die Kinder auf, den Spiegel in verschiedenen Positionen zu halten, um verschiedene Blickwinkel zu bekommen.

- Platzieren Sie ein paar Spiegel auf dem Waldboden und lassen Sie die Kinder nach ihnen Ausschau halten. Alternativ können Sie auch ein paar Spiegel nebeneinander auf den Boden legen, sodass die Kinder in dieser magischen Spiegelfläche die Bäume und den Himmel sich spiegeln sehen können.

- Die vielfältigen Farben des Laubs im Herbst machen diese Jahreszeit zur idealen Zeit, das Walddach auszukundschaften, aber diese Beschäftigung macht auch in jeder anderen Zeit des Jahres Spaß.

DAS BRAUCHEN SIE

Kleine Spiegel, zum Beispiel Schminkspiegel, oder größere und weniger leicht zerbrechliche Spiegelfliesen.

SICHERHEITSTIPPS

- Ermuntern Sie die Kinder, langsam zu gehen, damit sie nicht stolpern.
- Kontrollieren Sie, ob Wurzeln oder andere Hindernisse im Weg liegen.
- Erinnern Sie die Kinder daran, mit den Spiegeln sorgsam umzugehen. Sammeln Sie die Spiegel wieder ein, sobald die Kinder mit der Spiegelpirsch fertig sind.

JEDE MENGE LAUB

Es heißt, dass jeder, der ein Blatt auffängt, während es taumelnd zu Boden fällt, einen Wunsch frei hat. Nachdem sie den ganzen Sommer über das Sonnenlicht absorbiert haben, verlieren die Blätter der laubwechselnden Bäume im Herbst ihre grüne Farbe, welken, sterben ab und fallen zu Boden. Jetzt ist es besonders schön, im Wald spazieren zu gehen, das Laub aufzuwirbeln und damit wilde Spiele zu spielen.

GANZ BESONDERE BLÄTTER

Kindern macht es Spaß, nach bestimmten Blättern zu suchen, etwa den Rasen nach den seltenen vierblättrigen Kleeblättern zu durchkämmen, auf die Jagd nach dem größten Blatt zu gehen, das sie finden können (um vielleicht einen behelfsmäßigen Regenschirm daraus zu machen) oder die leuchtendsten Blätter des Herbstes zu sammeln. Aber sind sie auch in der Lage, die charakteristischen Unterschiede zwischen zwei Blättern zu erkennen, die sie sich aus Millionen Blättern ausgesucht haben?

Als sie zwei Blätter auswählen sollten, verfuhren die drei Mädchen auf dem Foto oben ganz unterschiedlich. Eines von ihnen suchte sich ein gelbes und ein rotes Blatt aus, weil ihm die leuchtenden Farben so gut gefielen; das zweite entschied sich für zwei Ahornblätter, weil es die markanten roten Adern darauf so mochte. Das dritte Kind war fasziniert von den Beulen, die es auf einem braunen Eichenblatt entdeckte. Als es erfuhr, dass das Galläpfel waren (in denen die Larven der Eichengallwespe heranwachsen), wählte sie noch zwei weitere gleiche Blätter aus, weil sie nicht wollte, dass jemand auf die winzigen Larven trat und sie zerquetschte. Jedes Kind hatte seine eigenen Gründe für seine Wahl. Als die Blätter mit vielen anderen vermischt wurden, hatten alle drei keine Schwierigkeiten, ihre Blätter wieder zu finden.

- Fordern Sie die Kinder auf, zwei Blätter zu suchen, die ihnen besonders gefallen.

- Wenn sich alle für ihre zwei Blätter entschieden haben, lassen Sie jedes Kind erklären, warum es sich gerade für diese Blätter entschieden hat und was ihm an ihnen gefällt.

- Schauen Sie sich die Blätter genau an und vergleichen Sie Formen und Farben. Sind sie angefressen und falls ja, welches Lebewesen könnte das wohl gewesen sein? Leben auf oder in ihnen vielleicht kleine Tiere?

- Fordern Sie die Kinder auf, jedes Detail ihrer Blätter zu untersuchen.

- Sammeln Sie alle Blätter in einem Beutel oder auf einer Decke und vermischen Sie sie. Dann verteilen Sie sie auf dem Boden, und nun muss jedes seine Blätter wiedererkennen.

IM LAUB LAUERN

Indem sich die Kinder auf den Waldboden legen und die Bäume aus einem neuen Blickwinkel betrachten, bekommen sie das Gefühl, Teil des Waldes zu sein.

- Ermuntern Sie sie, sich einen eigenen Platz zu suchen, an dem sie sich hinlegen; dann bedecken Sie die Kinder mit Laub, sodass sie mit dem Waldboden zu verschmelzen scheinen – wie der mythische Grüne Mann, der mit den Bäumen eins wird.
- Legen Sie ihnen auch vorsichtig einige Blätter aufs Gesicht; lassen Sie die Kinder ein paar Minuten so daliegen, während sie Teil des Waldbodens und umgeben vom Modergeruch des Herbstes sind.
- Sie könnten ein Signal vereinbaren, bei dem alle wieder aufspringen dürfen, wenn Sie lange genug im Laub gelegen haben. Oder Sie machen ein Versteckspiel daraus – können die Sucher ihre Freunde unter den Blättern entdecken?

LAUBHAUFEN AUFSCHICHTEN

Für eine Freundin, die ihre Kindheit im Staat New York verbrachte, ist der Herbst verbunden mit der Erinnerung an riesige Haufen trockenen, raschelnden Laubs, die man gemeinsam zusammenrechte und aufschichtete. Sie erinnert sich noch an die Vorfreude zurück, die sie empfand, wenn sie auf dem weichen Berg lag und darauf wartete, unter weiteren Laubladungen begraben zu werden; und auch an den süßen erdigen Geruch und das knisternde Geräusch der Herbstdecke. Es ist ein wildes und ungestümes Spiel, bei dem die Kinder sich alle auf einmal in den Haufen stürzen und vollkommen in die Blätter eintauchen, sie in die Luft und aufeinander werfen.

- Rechen Sie Laub und tragen Sie es zu einem großen Haufen zusammen. Halten Sie die Kinder davon ab, sich sofort darauf zu stürzen – je größer der Haufen, desto lustiger das Spiel.

- Verwenden Sie eine Decke oder Plane, um das Laub leichter zum Haufen befördern zu können.

DAS BRAUCHEN SIE

- Ein paar Rechen
- Reisedecke/Plane
- Trockenes Wetter! Laubhaufen kann man nur aufschichten, wenn die Blätter trocken sind und rascheln – feuchte, modernde Blätter sind viel weniger reizvoll.

SICHERHEITSTIPPS

- Dieses Spiel macht Spaß und ist aufregend und wild – und es erfordert eine gute Aufsicht, besonders wenn einige der Kinder noch sehr klein sind.
- Kinder, die mit Rechen hantieren, sollten besonders gut beaufsichtigt werden.

- Wenn der Haufen fertig ist, dürfen sich die Kinder hineinstürzen und ganze Arme voll Laub aufeinander werfen.

- Lassen Sie die Kinder sich abwechselnd oben auf den Haufen legen; dann schütteln die anderen eine Decke voller Laub über ihnen aus. Sie dürfen auch eine Weile unter ihrer Decke stillliegen, bevor sie wieder daraus hervorbrechen.

WALDGEISTER

Im Wald lauern alle möglichen Zaubergeister, die nur darauf warten, entdeckt und als das erkannt zu werden, was sie wirklich sind. In einem alten knorrigen Baumstumpf oder in einem schroffen Felsgesicht verborgen harrt da draußen vielleicht eine Schar seltsamer und wunderbarer Kreaturen darauf, dass ein aufmerksames Kind sie erlöst.

Bei einem Streifzug durch den Wald entdeckten wir einen Mann aus Holz (Seite 111 unten rechts). Er stand da, wachte über den Weg und sah alle an, die kamen und gingen. Wer hatte ihn wohl hier aufgestellt? Ob vielleicht eine böse Hexe einen unglücklichen Wanderer in Holz verwandelt hatte?

NACH WALDGEISTERN SUCHEN

Dieses Spiel hat mit Geschichtenerzählen und viel Fantasie zu tun. Vielleicht fangen Sie mit dieser oder einer ähnlichen Geschichte an:

»Vor langer, langer Zeit lebte eine Schar Waldgeister tief im Herzen dieses Waldes. Obwohl sie zum Fürchten aussahen, waren sie keine schlechten Geister, sondern lebten ihr Leben in Frieden unter all den Bäumen. Sie naschten Nüsse und behüteten den Wald und alle, die in ihm lebten. Aber eines Tages kam eine böse alte Hexe in den Wald – es war eine gierige, selbstsüchtige Hexe, die den Wald so sehr mochte, dass sie ihn ganz für sich allein haben wollte. Die böse Hexe achtete nicht auf die Bitten der Waldgeister und sprach einen Fluch über sie aus, der sie zu Felsen, Bäumen und Waldboden werden ließ. Es schien, als sei es ihr Schicksal, für immer verzaubert zu bleiben. Die Hexe zog weiter an einen anderen Ort und vergaß den wunderbaren Wald und seine gebannten Geister. Aber vielleicht könnt ihr ihnen ja helfen, denn es heißt, dass Kinder mit scharfen Augen die freundlichen Waldgeister befreien können, indem sie sie finden und als die erkennen, die sie wirklich sind ...«

- Lassen Sie die Kinder nach Waldgeistern suchen. Wenn sie Baumstümpfe, freigelegte Wurzeln oder knorrige Baumstämme genau betrachten, sehen sie vielleicht etwas, das an ein Auge oder einen Mund, ein Horn oder eine Kralle erinnert.

- Die Kinder können die magischen Wesen kenntlich machen, indem sie etwas Gras oder Moos, Nüsse oder Zweige hinzufügen. Vielleicht will jedes Kind seinen eigenen Waldgeist erschaffen, oder alle arbeiten zusammen an einem großen Waldgeist, etwa an einem entwurzelten Baumstamm.

- Einmal enttarnt, können sie die Waldgeister zurücklassen, damit andere sie finden, oder sie selbst vielleicht auf künftigen Spaziergängen weiter daran arbeiten können.

- Magische Gestalten kann man zu allen Jahreszeiten und überall suchen. Versuchen Sie es einmal in einer offeneren, felsigen Landschaft oder am Meer, wo sie sich vielleicht in Felsblöcken oder im Sand finden lassen.

SICHERHEITSTIPP

Halten Sie die Kinder in einer Gruppe zusammen, wenn Sie einen Wald, die Küste oder andere wilde Landschaften erkunden.

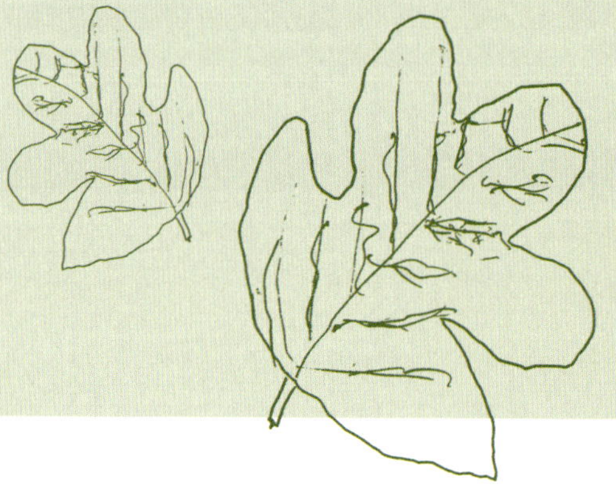

BUNTE KRONEN

Wir feierten die Farben des Herbstes, indem wir Kronen und Hüte aus einer wunderbaren Vielfalt an herabgefallenen Blättern und Kernen bastelten. Kinder zwischen vier und fünfzehn Jahren machten dabei mit und suchten den Boden nach farbenfrohen Beeren und Blättern ab, aber auch nach Zapfen, Kastanien und allem anderen, was sie finden konnten. Auf einer Waldlichtung machten die Kinder zusammen daraus eine verblüffende Anzahl Kopfbedeckungen. Eine fremde Familie, die unterwegs war, um sich an den Herbstfarben zu freuen, kam dazu, und die beiden kleinen Kinder bastelten mit Feuereifer ein Andenken an ihren Spaziergang.

DAS BRAUCHEN SIE

- Dünne Kartonstreifen von etwa 5–6 cm Breite und 50 cm Länge, auf einer Seite mit beidseitigem Klebeband versehen
- Schnellhefter
- Extrastarkes doppelseitiges Klebeband
- Locher

SICHERHEITSTIPPS

- Sorgen Sie dafür, dass die Kinder keine giftigen Beeren sammeln oder Pflanzen beschädigen.
- Wenn die Kinder mit Schnellheftern oder Lochern hantieren, sollte ein Erwachsener sie beaufsichtigen.
- Halten Sie Kerzen von Laub und Blättern fern.

DIE KRONEN ANFERTIGEN

- Sammeln Sie natürliche Materialien wie Blätter, Kiefernnadeln und Kerne.

- Geben Sie jedem Kind einen der vorbereiteten Kartonstreifen und ziehen Sie die Schutzfolie des doppelseitigen Klebebands ab, sodass die klebrige Seite freiliegt.

- Nun suchen die Kinder aus dem gesammelten Material aus, was sie möchten, und kleben es auf ihren Karton.

- Wenn etwas nicht kleben will, kann man es mit dem Schnellhefter oder weiterem Klebeband befestigen. Der Locher dient dazu, Löcher zu stanzen, durch die Pflanzenstengel gefädelt werden können.

- Für diese Unternehmung eignen sich Parks, Wälder oder Gärten, in denen es viele Blätter und Samenkerne gibt. Es ist auch eine ideale Beschäftigung für ein Kinderfest im Freien (siehe Freiluft-Partys, Seite 164).

WEITERE ACCESSOIRES

Ketten und Armbänder Fädeln Sie bunte Blätter und Kerne mit einer Sticknadel auf Wolle oder Bast.

Broschen Sie lassen sich aus kleineren, mit doppelseitigem Klebeband versehenen Kartonstücken herstellen. Kleben Sie ein buntes Blatt darauf und bringen Sie dann Blätter in Kontrastfarben darüber an. Befestigen Sie auf der Rückseite mit einem kleinen Stück Klebeband eine Sicherheitsnadel.

Masken Verzieren Sie einfache Pappmasken mit bunten Blättern.

Umhänge Um einen Umhang herzustellen, fädeln Sie Blätter durch die Maschen eines Stücks groben Netzgeflechts oder heften sie an ein altes Stück Stoff (siehe auch die Anleitung für den Tarnumhang auf Seite 56–58).

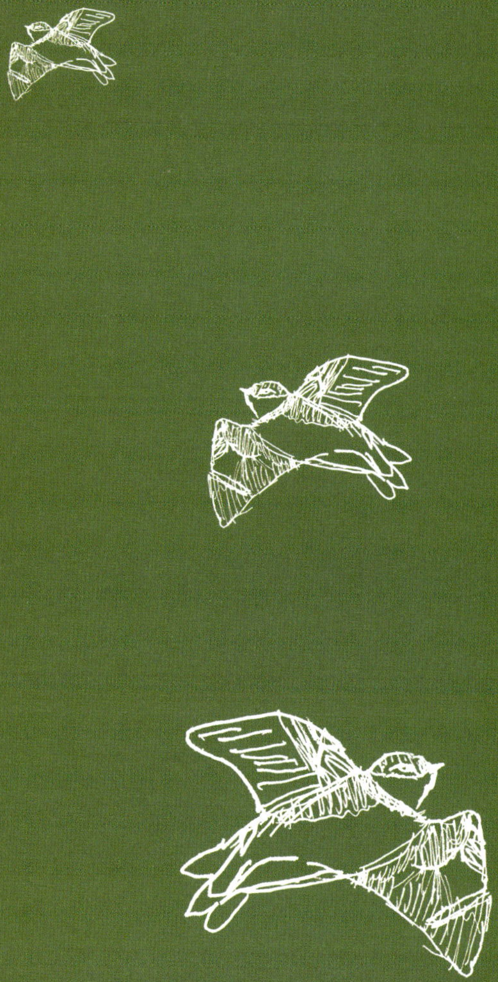

WINTER

DER WINTER IST DA!

Eiskalte Tage, ein grenzenloser grauer Himmel, Nebel und beißender Wind – kein Wunder, dass man da in den dunklen Wintermonaten gerne daheim an der Wärme bleibt. Und doch lockt die Winterstarre und -kälte nach draußen, denn im Winterwunderland warten einige der denkwürdigsten Outdoor-Erlebnisse auf uns.

Im Winter gibt es viel zu sehen und vieles, an dem man sich erfreuen kann. Kleine Kinder stapfen gern über gefrorenen Boden, hauchen Drachenatem in die kalte Luft oder marschieren, von Kopf bis Fuß in wasserdichte Kleidung gehüllt, durch den Regen. Größere Kinder haben vielleicht Spaß daran, sich gegen die Kraft des Windes zu stemmen, vor den herandonnernden Wellen am leeren Strand davonzurennen oder auf kahle Bäume zu klettern, um die Erwachsenen zu bespitzeln. Ruhigere, aufmerksamere Beobachter werden möglicherweise überwinternde Vogelschwärme aufstöbern, Tierspuren durch den Schnee folgen oder die letzten Früchte des Herbstes im Frost entdecken. Ein Winterspaziergang in Gesellschaft kann ein großes Vergnügen sein und eine Gelegenheit, den Wandel mitzuerleben, der sich vollzieht, während es wieder auf den Frühling zugeht. Igeln Sie sich nicht zu Hause ein – ziehen Sie sich warm an, gehen Sie nach draußen und machen Sie sich bereit für das, was die Elemente mit Ihnen vorhaben.

Der Winter ist sowohl Ende wie auch Neuanfang. Während das Jahr seinen letzten Atemzug tut, können aufmerksame Kinder alle möglichen Anzeichen dafür entdecken, dass die Natur nur darauf wartet, beim ersten Wink des Frühlings wieder zum Leben zu erwachen. Im Winter schrumpft der Tag im Schatten der Nacht zusammen, und alles Leben muss einen Weg finden, die Kälte und Dunkelheit zu überleben. Laubwechselnde Bäume und Sträucher werfen die Blätter ab, während viele kleinere Pflanzen vollkommen absterben; tief im Erdboden überleben ihre Wurzeln oder Zwiebeln, oder ihre Samen überwintern in einem robusten, schützenden Mantel. Die wächsernen Blätter und Nadeln immergrüner Pflanzen sind in der Lage, dem Wüten des Winters die Stirn zu bieten, und manche Pflanzen scheinen sich in der winterlichen Kälte und Feuchte sogar erst richtig zu entfalten, so etwa das kräftig grüne Moos, das verrottende Baumstämme überzieht.

Viele Tiere überleben den Winter, indem sie ihre Aktivität herunterfahren. Manche drosseln ihren Stoffwechsel und ruhen während der kältesten Tage und Nächte. Einige wenige Arten halten einen richtigen Winterschlaf; bei diesem drastischen Überlebensmechanismus wird die Körpertemperatur so weit abgesenkt, dass der Organismus gerade noch am Leben erhalten wird. Tiere im Winterschlaf dürfen niemals gestört werden. Dass sie den Winter überstehen, hängt davon ab, ob sie ausreichende Fettreserven anlegen konnten, und wenn sie aus dem Winterschlaf erwachen, verbrauchen sie dabei wertvolle Energie. Die meisten Insekten überwintern in Eiern oder als Puppe, aber einige über-

leben auch voll entwickelt; Schmetterlinge, die man nun im Haus findet, sollten in Ruhe gelassen werden, bis der Frühling kommt. Marienkäfer, Florfliegen und Spinnen suchen Schutz in hohlen Baumstämmen oder Rissen in der Baumrinde.

Vögel verfügen über vielfältige Überlebensstrategien. Bis zum Winter sind die meisten insektenfressenden Arten längst in tropische Länder gezogen, wo die konstante Wärme ganzjährig ein reiches Insektenangebot garantiert. Die Vögel, die hier bleiben, müssen viel mühevoller nach Nahrung suchen. Einige Arten wiederum ziehen aus der gefrorenen Tundra in unsere Klimazone, weil sie an einem Ort überwintern müssen, an dem sie wenigstens Beeren an den Bäumen oder Raupen und Würmer im Erdboden finden. Vielleicht können Sie einmal die Feuchtgebiete an der Küste besuchen und die dort überwinternden Watvögel und Enten beobachten, die sich von den Lebewesen im Schlick und Watt ernähren, oder Wildgänse, die auf offenem Feld nach Nahrung suchen.

BEREIT FÜR DEN WINTER

Es gibt kein schlechtes Wetter, sondern nur die falsche Kleidung. Bei Winterausflügen ist es besonders wichtig, sich gut vorzubereiten, denn frierende und durchnässte Kinder verlieren schnell die Lust. Wenn sie aber gut eingepackt sind, werden sogar sehr kleine Kinder den Winter genießen.

Schuhwerk Kinder sollten Gummistiefel, Winterstiefel oder robuste Wanderschuhe tragen. Zwei Paar gut passende Socken übereinandergezogen liefern extra Wärme. Wenn die Kinder im Schnee Stiefel tragen, sollten diese gut sitzen, sodass kein Schnee eindringen kann.

Warme Kleidung Mehrere dünne Schichten sind wärmer als eine dicke, und sie ermöglichen es den Kindern auch, beim Toben eine Lage auszuziehen, ohne eine Erkältung zu riskieren. Empfehlenswert sind Strumpfhosen unter den Hosen, ebenso ein Unterhemd und ein langärmeliges Shirt unter einem Faserpelz und Jacke oder Mantel.

Wasserdichte Kleidung Bei Wind, Regen oder Schnee schützt ordentliche wasserdichte Kleidung vor allem, was die Elemente auf Lager haben.

Handschuhe/Fäustlinge Kleine Kinder werden sehr schnell quengelig, wenn sie kalte Hände bekommen, wollen aber trotzdem weiter in Eis und Schnee spielen. Handschuhe sollten warm und wasserdicht sein. Nehmen Sie für den Fall der Fälle ein Reservepaar mit.

Kopfbedeckung Kinder sollten bei Kälte immer eine Kopfbedeckung tragen, idealerweise eine Wollmütze oder einen Hut mit Ohrenschützern.

Proviant Auch auf kurzen Ausflügen stellt ein wenig Proviant eine wertvolle Abwechslung dar. Packen Sie etwas Warmes in den Abenteuerrucksack, vielleicht eine Thermoskanne mit Suppe oder Ofenkartoffeln in Folie, und denken Sie auch an Schokolade und Trockenobst.

EISIGE ABENTEUER

Kinder fühlen sich leicht betrogen, wenn der Winter vorübergeht ohne wenigstens einen Schneefall und einige eisige Tage, an denen die Pfützen gefrieren und jeder Grashalm mit Frost ummantelt ist. Winterspaziergänge an eiskalten Tagen lohnen sich am meisten auf Trampelpfaden, wo die Kinder auf gefrorene Pfützen schlittern oder springen und Eisplatten hochheben und in Hunderte glitzernder Scherben zerschmettern können. Während das tiefe Wasser zugefrorener Seen oder Flüsse stets gemieden werden muss, haben Pfützen auf Pfaden oder Feldern eine sichere Eisdecke zu bieten, mit der man unter Aufsicht der Erwachsenen seinen Spaß haben kann.

Ausflüge mit sehr kleinen Kindern in Eis und Schnee sollten eher kurz gehalten werden. Lassen Sie ihnen den kleinen Spaß am Winter, bevor es zurück ins Warme geht.

EISSPIELE

Gefrorenes Wasser auf den Feldern ergibt eine natürliche Eisbahn, auf der man schlittern und sich stundenlang vergnügen kann. Hier einige Vorschläge für Spiele auf dem Eis:

Eishockey Suchen Sie sich ein paar lange Stöcke und einen Stein oder ein Stück Eis als Puck, und los geht der Eishockeymatch Marke Eigenbau.

Eisstockschießen Spielen Sie mit Eisbrocken oder besser mit glatten Steinen Ihre eigene Version des Eisstockschießens auf einer natürlichen Eisbahn. Wer lässt seinen Stein am weitesten schlittern?

Eiskegeln Lassen Sie Eisstücke über die Bahn schlittern, um ein Ziel zu treffen, etwa einen Stock oder eine Steinpyramide.

Eisfenster Eine dünne Eisplatte ergibt ein natürliches Fenster, durch das sich die Winterwelt betrachten lässt. Die Kinder können einen Wettbewerb machen, wer die größte Eisplatte anheben kann, ohne sie zu zerbrechen, oder sie versuchen, ein riesiges Eisstück aufzurichten, um ein gewaltiges Fenster zu bekommen. Auf einem Winterspaziergang ordneten wir mehrere Eisfenster in

den Ästen eines Baums an und schufen damit eine eindrucksvolle Skulptur. Wir überlegten, ob sie am nächsten Tag noch da sein würde, aber wir hatten keine Gelegenheit, es herauszufinden, denn die Jungen beschlossen, das Eis als Zielscheibe zu benutzen, und bald war es in tausend Splitter zerschossen.

Eisrodeln Wenn Ihre Kinder den Schlitten schon startklar gemacht haben und nun gespannt auf den Schnee warten, der nicht kommt, sollten Sie es vielleicht mit dem Eisrodeln versuchen. Auf einem Familienspaziergang bei bitterkaltem Wetter schleppten wir zum Erstaunen unserer Kinder den Schlitten mit, obwohl noch nicht eine einzige Flocke Schnee gefallen war. Auf einer Anhöhe angekommen, ließen wir die Kinder auf den Schlitten klettern und schlitterten mit unglaublichem Tempo über den gefrorenen Grund zu Tal. Sie schrien vor Vergnügen und Aufregung, erreichten den Fuß des

Abhangs und stiegen sofort wieder zur zweiten Fahrt auf. Dieses rasante und berauschende Vergnügen ist nur möglich, wenn der Boden steinhart gefroren ist. Passen Sie gut auf die Kinder auf; gefrorener Boden verzeiht keinen Patzer.

MIT EIS BAUEN

Eisstapel und -bogen Errichten Sie einen Eisstapel, indem Sie vorsichtig Eisplatte auf Eisplatte schichten, wobei die größten Stücke zuunterst liegen. Man kann auch einen Bogen bilden, indem man zwei Stapel nebeneinander auftürmt und sie dann sehr langsam und vorsichtig aufeinander zukippt.

Eisschlösser Inspiriert von der Entdeckung eines Winterbaches, an dem jeder Zweig mit einer feinen Schicht kristallklaren Eises überzogen war, beschlossen einige Kinder in den Winterferien, ein Zauberschloss für die Eiskönigin zu bauen. Sie verwendeten einen Stapel Steine auf einem grasbewachsenen Flussufer als Fundament und schufen unter Zugabe von Eisstücken und eisüberzogenen Zweigen eine glitzernde Festung.

Eismonster Mehrere Kinder zusammen können ein Eismonster gestalten, das durch die gefrorene Landschaft kriecht. Verwenden Sie Eisstücke, um dreidimensionale Dinosaurier, Drachen oder andere Ungeheuer zu kreieren, und fügen Sie Augen aus Kieseln und Ohren aus Tannenzapfen hinzu, um sie lebendiger zu gestalten.

Eisbilder Nachdem er das Eis einer gefrorenen Pfütze zerbrochen hatte, beschloss Jake, die Scherben zu sammeln und wiederzuverwenden. Indem er die verschieden großen Stücke sorgsam arrangierte, gelang ihm die Collage eines Eismannes (siehe Foto rechts). Mit Eis kann man alle möglichen Bilder auf dem Boden oder auf Baumstümpfen und Felsen legen.

Eiszapfenkreationen Eiszapfen lösen bei Kindern immer Begeisterung aus – sie bitten fast darum, abgebrochen und zum Spielen verwendet zu werden. Ein Eiszapfen kann, in den Boden gerammt, den Turm eines Eisschlosses bilden, oder er kann einem Einhorn in einem Fantasiespiel als Horn dienen. Wer die echte künstlerische Herausforderung sucht, kann auch versuchen, mehrere Eiszapfen zu einem Mobile zusammenzuknüpfen. Oder er bringt Eiszapfen auf Eis oder Stein an, indem er ein Ende des Zapfens in der warmen Hand antaut und den Eiszapfen dann auf der kalten Oberfläche wieder anfrieren lässt.

SICHERHEITSTIPPS

- Halten Sie sich stets fern von Eisflächen über tiefem Wasser.
- Sorgen Sie dafür, dass die Kinder warm eingepackt sind und Handschuhe tragen, wenn sie mit Eis spielen.
- Seien Sie vorsichtig mit scharfen oder spitzen Eiszapfen.
- Hüten Sie sich vor sehr rutschigem Eis.

EISMOBILES

Auf einem Spaziergang an einem Wintertag bemerkte ein aufmerksames Mädchen abgefallene Blätter und Kerne, die in dem Eis eingefroren waren, welches sich über den Pfützen gebildet hatte. Sie brach ein Stück Eis mit einem Blatt darin ab und hielt es gegen das Licht, um es wie buntes Glas funkeln zu lassen.

Von dieser Entdeckung inspiriert, kehrte die Familie heim, um Eismobiles herzustellen, die draußen vor das Küchenfenster gehängt wurden. Die im Eis eingeschlossenen natürlichen Materialien wie Beeren und Samenkerne kamen so auf neue und überraschende Weise zur Geltung. Man freute sich an den Mobiles und sah ihnen dabei zu, wie sie in den nächsten Tagen langsam dahinschmolzen.

MOBILES BASTELN

Für diese Beschäftigung muss es sehr kalt sein. Fertigen Sie die Mobiles an einem Abend an, wenn für die Nacht Frost vorausgesagt ist.

- Die Kinder suchen aus ihrer Kollektion natürlicher Fundsachen ein paar Lieblingsstücke aus.

- Sie legen sie in Ausstechformen und diese wiederum in Unterteller und Plastikschalen oder in umgedrehte Marmeladendeckel.

- Stellen Sie die Behälter vorsichtig in einer Reihe auf ein Tablett.

- Legen Sie ein Stück Schnur über die Reihe der Behälter, sodass sie miteinander verbunden sind. Die Schnur muss in jede der Ausstechformen und in jeden Marmeladendeckel hineinhängen, damit sie mit einfriert.
- Gießen Sie Wasser in jeden Behälter; achten Sie dabei darauf, dass alle Materialien und die Schnur gut von Wasser bedeckt sind.

- Wenn die Außentemperatur unter null Grad sinkt, stellen Sie das Tablett nach draußen.

- Wenn die Außentemperatur über null Grad bleibt, können Sie mogeln und das Tablett in die Tiefkühltruhe stellen.

- Sobald das Mobile gefroren ist, nehmen Sie die kleinen Eisscheiben aus den Ausstechformen oder Marmeladendeckeln. Vielleicht brauchen Sie etwas warmes Wasser, um das Eis auszulösen.

- Hängen Sie das Mobile draußen ans Fenster oder an einen Baum im Garten und freuen Sie sich daran, solange das kalte Wetter anhält.

DAS BRAUCHEN SIE

- Jahreszeitliche Materialien, die Sie auf einem Winterspaziergang gesammelt haben: zum Beispiel immergrüne Blätter und Nadeln, Laub, Beeren und Samenkerne vom Herbst oder vielleicht schon Frühlingsboten wie Weidenkätzchen oder Schneeglöckchen.
- Mehrere Unterteller, Plastikschüsseln oder Marmeladendeckel
- Ausstechformen aus Metall
- Tablett
- Schnur
- Kühltruhe (falls es draußen nicht kalt genug ist)

SCHNEESKULPTUREN

Begeistert wird der erste Schneefall des Winters begrüßt – von Kindern wie von Erwachsenen. Die Kinder können es kaum erwarten, ihre Blicke sind auf die Fenster geheftet, um zu sehen, ob die wirbelnden Schneeflocken liegen bleiben oder gleich wegschmelzen. Sie müssen unbedingt hinaus in den Schnee, um die Ersten zu sein, die ihre Spuren im unberührten Weiß hinterlassen, Schneemänner zu bauen, sich mit Schneebällen zu bewerfen oder auf einem Schlitten oder einer Plastiktüte den Hang hinunterzusausen. Aber der Schnee bietet noch andere Möglichkeiten: Er erlaubt, Tieren, die verräterische Spuren hinterlassen haben, auf die Schliche zu kommen oder Schneeskulpturen zu bauen.

Sogar ein Spaziergang durch den Schnee ist ein Abenteuer. Eines unvergesslichen Tages trafen sich mehrere Familien zu einem langen Ausflug in den ersten Neuschnee. Die Kinder bauten Eisskulpturen, sprangen in Verwehungen, drückten die Hände und sogar die Gesichter zu Abdrücken in den Schnee und legten sich

hin, um mit Armen und Beinen wedelnd Schneeengel zu machen. Gehen Sie auch einmal nach Einbruch der Dunkelheit nach draußen und lassen Sie die Kinder durch die geheimnisvoll leuchtende Schneelandschaft toben.

GESCHÖPFE AUS SCHNEE

Warum baut alle Welt immer nur Schneemänner? Warum nicht Schneefrauen oder Schneekinder oder auch Schneetiere? Mit ein bisschen Fantasie lassen sich alle möglichen Geschöpfe aus Schnee nachbilden; man braucht nur natürliche Materialien wie Zweige, Steine, Blätter und Eiszapfen für die entsprechenden Details.

Mein Sohn und sein Freund waren unglaublich enttäuscht, als sich der erste und vielleicht einzige Schnee des Winters als viel zu fein und puderig für ordentliche Schneebälle herausstellte. Genialerweise fanden sie bald eine andere Verwendung dafür. Sie hatten einen Heidenspaß daran, im Park eine Schneemaus und einen Schneeigel (siehe Foto links) zu bauen. Zwei kleine Mädchen nahmen sich daran ein Beispiel und verwandelten mit Hilfe eines Geweihs, das sie ganz hinten in der Garage gefunden hatten, einen Schneehaufen im Garten in ein Rentier.

Fürs Schneemannbauen kann man auch gepressten Schnee verwenden; er ist viel fester und lässt sich besser modellieren. Sie pressen Schnee, indem Sie ihn in eine große Vorrats- oder Wäschebox aus Plastik geben und diese dann stürzen, sodass sich ein modellierfähiger rechteckiger Schneeblock ergibt. Die Kinder können Sandschaufeln, Gartenkellen oder auch Löffel benützen, um Burgen zu bauen, geometrische Formen oder was auch immer die Inspiration ihnen eingibt.

SCHNEEHÖHLEN

Iglus faszinieren Kinder sehr; sie möchten immer wissen, wie sie gebaut sind und wie man es um alles in der Welt schafft, da drin warm zu haben. Wenn ausreichend

Schnee gefallen ist, wird es ihnen Spaß machen, ihr eigenes Iglu oder eine Schneehöhle zu bauen. Jos Kinder bauten eine Schneehöhle aus Schneeziegeln, die sie in einer Plastikbox gepresst hatten. Sie zogen drei Wände hoch, ließen Öffnungen für Fenster frei und verwendeten eine Sperrholzplatte als Dach. Auch wenn die fertige Höhle nicht besonders einladend war, waren Planung und Bau doch eine unterhaltsame Herausforderung. Als sie nach Einbruch der Dunkelheit noch einmal zurückkamen, fanden die Kinder eine Kerze vor, die jemand in der Höhle angezündet hatte, was sie gleich gemütlicher machte und ahnen ließ, wie lauschig ein Iglu sein kann.

RIESENSCHNEEKUGELN

Es hat etwas unglaublich Befriedigendes, einen kleinen Schneeball immer und immer wieder durch den Schnee zu rollen und dabei zuzusehen, wie er größer und größer wird, bis er so gewaltig ist, dass er kaum noch fortbewegt werden kann. Mit Riesenschneekugeln lässt sich noch mehr anstellen:

- Mit den Händen, mit Sandschaufeln oder Löffeln lassen sich daraus Schneemann, -frau oder -tiere modellieren.

- Mehrere im Kreis aufgestellte Riesenschneekugeln können als Wände für eine Höhle dienen.

- Die Kinder können die Schneekugeln mit Schlamm, Blättern oder Zweigen verzieren und Skulpturen daraus machen.

- Eine Schneekugel, die gerollt wird, pflügt eine Grasspur in den Schnee. Wenn die Kinder ihre »Rollroute« richtig planen, können sie Muster aus Gras in den Schnee malen.

TAUZIEHEN IM SCHNEE

Tauziehen einmal anders: Stellen Sie eine Schneemauer auf freiem Gelände auf und lassen Sie ein Seil mitten hindurch laufen. Wenn eines der Teams auf seiner Seite kräftig zieht, fällt das andere in den weichen Schnee.

SICHERHEITSTIPPS

- Sorgen Sie dafür, dass die Kinder warm eingepackt sind und Handschuhe tragen, wenn sie im Schnee spielen.
- Hüten Sie sich vor rutschigem Eis.

SPURENLESEN

Heimgegangen

In diese Richtung

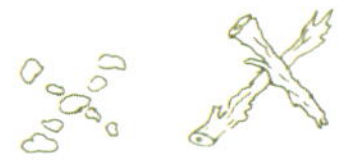
Nicht hier entlang

Mancher verirrte Wanderer hat auf seinem Weg neuen Mut geschöpft, wenn er Zeichen fand, denen er folgen konnte – ob es nun Punkte oder Pfeile eines markierten Pfades waren, Rehspuren im Schlamm oder auf dem Boden ausgelegte Pfeile aus Zweigen. Spurenlesen ist eine Art Versteckspiel – mit dem Unterschied, dass die Kinder einer Spur folgen und herausfinden müssen, wo sich die anderen versteckt haben.

Bei einer organisierten Spielaktion in einem waldähnlichen Park erfreute sich dieses Spiel großer Beliebtheit. Eine Gruppe von etwa dreißig Kindern wurde in zwei Gruppen aufgeteilt – die Spurenleger und die Fährtensucher –, die von je zwei Erwachsenen begleitet wurden. Die Spurenleger liefen los; sie wählten eine schwierige Route und legten auch hin und wieder eine falsche Spur. Sobald sie ein gutes Versteck gefunden hatten, verhielten sie sich so ruhig wie möglich. Dann mussten die Fährtensucher ihre Beobachtungsgabe unter Beweis stellen und nach Pfeilen oder anderen Hinweisen suchen, die sie zu ihrer »Beute« führen würden. Wenn die Spurenleger aufgespürt waren, wurden die Rollen getauscht.

AUF SPURENSUCHE

Dieses Spiel lässt sich mit einer beliebigen Anzahl Kindern spielen und ist eine wunderbare Möglichkeit, Familienspaziergänge abwechslungsreicher zu gestalten. Auf Spurensuche sollte man in einem Wald, in Unterholz oder vielleicht in einem Park gehen – jedenfalls in einer Gegend, die genügend Deckung und Wege bietet, denen man folgen kann.

Die Kinder legen aus natürlichen Materialien wie Stöcken, Grashalmen, Steinen oder was sich sonst auf dem Erdboden findet, Pfeile aus. Vereinbaren Sie einen Wegcode, den alle Beteiligten lesen können. Er könnte folgende Zeichen umfassen:

Pfeil Zeigt die Marschrichtung an.

Kreuz Zeigt eine Sackgasse an.

Dreieck Die Spur folgt einem von zwei Pfaden.

Pfeil über einem Stock Die Fährtensucher müssen ein Hindernis überwinden.

Pfeil mit zwei Pfeilspitzen Die Spurenleger haben sich aufgeteilt.

- Die Spurenleger gehen voraus und legen ihre Fährte – so lange, bis sie ein geeignetes Versteck gefunden

Gruppe hat sich aufgeteilt

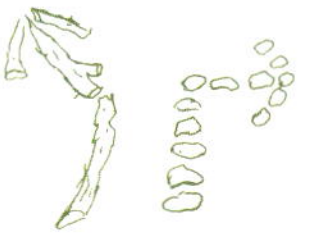
Links oder rechts abbiegen

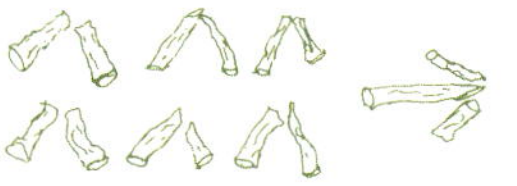
In dieser Richtung kommt Wasser

haben, in dem sie auf die Fährtensucher warten. Sie müssen eine klare Spur hinterlassen, besonders an verzwickten Stellen, wo sich mehrere Pfade kreuzen oder wo der Weg überwuchert ist.

- Die Fährtensucher warten 10 bis 15 Minuten, bis sie aufbrechen, um den Spurenlegern zu folgen. Sie folgen dann der Spur, bis sie sie zu den Spurenlegern führt.

- Wenn die Spurenleger gefunden sind, werden die Rollen getauscht.

Mehlfährte Bei einer Kinderparty im Freien lief einer der Erwachsenen im Voraus durch den Wald und verstreute Mehl auf dem Boden und auf Baumstämmen, um eine deutlich sichtbare Fährte zu legen, der jedermann folgen konnte. Chaos brach aus, als zehn aufgeregte Jungen losstürzten und der Fährte folgten, bis sie den Spurenleger hinter ein paar Büschen versteckt entdeckten. (Verwenden Sie keine nicht abbaubaren Stoffe für die Fährte, es sei denn, Sie sammeln später alles wieder ein.)

Schatzsuche Anstatt zwei Gruppen zu bilden, kann auch ein Erwachsener eine Fährte legen, an deren Ende er einen »Schatz« versteckt. Dabei kann man die Route so wählen, dass sie mit dem ohnehin geplanten Spaziergang zusammenfällt oder die Kinder in einem Kreis zum Ausgangspunkt zurückführt. Diese Variante des Spurenlesens eignet sich besser für kleinere Kinder; größere finden es aufregender und haben mehr Spaß daran, ihre eigene Fährte zu legen.

SICHERHEITSTIPPS

- Sorgen Sie dafür, dass jede Gruppe von mindestens einem Erwachsenen begleitet wird.
- Benutzen Sie nur Wege, die öffentlich zugänglich sind.
- Beim Spurensuchen mit vielen Kindern sollten die Kinder sich immer zu Paaren zusammenfinden und immer zusammenbleiben.
- Walkie-Talkies können nützlich sein, um mit den anderen Teams Kontakt aufzunehmen, falls nötig.

FLAGGEN IM WIND

Der heftige Winterwind ist laut, kalt und auch ein bisschen angsteinflößend, wenn er durch alle Ritzen pfeift, durch die Bäume heult und Blätter und Äste abreißt. Trotzdem finden es Kinder spannend und aufregend, auf einem Hügel entlangzulaufen, während der Wind ihnen die begeisterten Schreie von den Lippen reißt, sich gegen den Wind zu stemmen und zu spüren, wie seine Kraft den Körper hält, oder im Wald spazieren zu gehen, wenn er durch die Bäume rauscht. Ein Spaziergang an einem windigen Tag kann für die ganze Familie ein großes Erlebnis werden, vorausgesetzt, dass alle warm eingepackt sind.

Fürs Drachensteigen braucht man Wind – da kleine Kinder mit einem fernen Punkt am Himmel nicht viel anfangen können, sind Flaggen eine kinderfreundliche Alternative. Sie machen das Geräusch und die Bewegung des Windes viel unmittelbarer erlebbar. Die Flaggen auf dieser Seite wurden von den Kindern selbst gefertigt – so konnten sie ihr windiges Abenteuer auf dem nahen Hügel kaum erwarten und freuten sich noch Wochen später über ihre Flaggen. Flaggen sprechen alle Altersgruppen an, sind aber besonders für sehr kleine Kinder geeignet, die mit Flaggen sehr viel leichter zurechtkommen als mit Drachen.

FLAGGEN HERSTELLEN

Diese Flaggen wurden aus Baumwollstoff in leuchtenden Farben zu Hause angefertigt. Man kann auch Krepppapier verwenden, es ist aber für starken Wind weniger geeignet.

- Lassen Sie die Kinder ihren eigenen Stoff aussuchen; dann helfen Sie ihnen, ihn in Dreiecksform zuzuschneiden. Je länger die Flagge, desto besser werden die Kinder den Wind sehen und fühlen können.

- Befestigen Sie den Stoff mit Schnellhefter, Nadel und Faden oder einer Heißkleberpistole an den Stöcken (Letztere sollte nur von Erwachsenen benutzt werden).

- Nun verzieren die Kinder die Flagge mit Stoffresten oder bemalen sie mit Stiften oder Farbe.

- Gehen Sie ins Freie, vorzugsweise auf einen Hügel, wo man so richtig dem Wind ausgesetzt ist. Dort können die Kinder mit den im Wind flatternden Flaggen herumrennen, marschieren oder tanzen.

- Wer eine etwas auffälligere Flagge gestalten möchte, kann ein Motiv auf ein dreieckiges Baumwollstück zeichnen und es mit leuchtenden Farben ausmalen. Die Flagge wird an einem langen, entrindeten Stock befestigt. Mit einem solchen Banner ausgerüstet, können die Kinder auf Abenteuer ausziehen, um unbekannte Gebiete zu entdecken und zu erobern …

FLAGGEN ERBEUTEN

Größere Kinder können Flaggenerbeuten spielen.

- Suchen Sie sich einen großen freien Platz und teilen Sie die Kinder in zwei Gruppen auf.

DAS BRAUCHEN SIE

- Gerade gewachsene Stöcke von etwa 1 m Länge mit stumpfem Ende
- Dünne, bunte Baumwollstreifen
- Schnellhefter/Nadel und Faden/Heißkleberpistole
- Stoffreste und Stifte/Farben

- Jede Gruppe wählt einen Bereich als ihren Stützpunkt.
- Beide Gruppen markieren ihren Stützpunkt jeweils mit einer großen oder mehreren kleineren Flaggen.
- Jede Gruppe versucht nun, dem gegnerischen Team die Flagge abzujagen, muss aber auch ihren eigenen Stützpunkt bewachen.
- Sieger ist das Team, das zuerst die Flagge des anderen erbeutet. (Bei diesem Spiel ist ein aufmerksamer Schiedsrichter von Vorteil!)

SCHMUCK AUS DER NATUR

Die Tradition des Weihnachtsbaums entwickelte sich aus verschiedenen alten Bräuchen rund um immergrüne Pflanzen, die man sich als Symbol der Lebenskraft ins Haus holte; die Verbindung von Licht und Grün war ein Zeichen der Hoffnung auf die Wiederkehr des Frühlings und des neuen Lebens. Überall auf der Welt werden heute Nadelbäume geschlagen und ins Haus gebracht, um sie für Weihnachten zu schmücken, und es wird auch immer beliebter, Bäume im Garten mit Lichterketten zu dekorieren.

Die Weihnachtszeit ist voller Spannung und Zauber und wird von den Kindern sehnsüchtig erwartet; aber es ist auch eine Zeit des Massenkonsums und der Verschwendung. Jedes Jahr überschlagen sich die Zeitschriften mit Bildern aufwendig geschmückter Wohnungen, und in den Geschäften stapeln sich Dekorationsartikel und Lichter, die uns zum Kauf des neuesten Schreis ermuntern sollen. Doch auch Pflanzen wie Stechpalme und Efeu sind noch immer beliebt; wenn andere Pflanzen abgestorben sind oder Winterruhe halten, symbolisieren diese immergrünen Pflanzen eindrucksvoll den Fortbestand des Lebens.

Für den Winterschmuck lassen sich viele natürliche Materialien verwenden. Selbstgemachte Dekorationen und Kränze, Engel und Kerzenhalter können auch Kinder basteln. Schmücken Sie damit den Weihnachtsbaum oder einen Baum oder Strauch im Garten oder hängen Sie sie ins Fenster.

STERNE BASTELN

Sterne aus Zweigen Die einfachen fünfzackigen Sterne, die links abgebildet sind, entstehen aus jeweils einem langen, blattlosen Winterzweig:

- Biegen Sie einen geschmeidigen Zweig an vier Stellen, sodass sich fünf gleich lange Abschnitte ergeben.
- Knicken Sie ihn zu einem fünfzackigen Stern.
- Verknoten Sie die losen Enden mit feinem Garn. Nun kann man den Stern mit Silber- oder Goldspray schmücken oder ein farbiges Band oder ein Stück Efeu darumwinden.

DAS BRAUCHEN SIE

- Beginnen Sie schon im Herbst, Naturmaterial zu sammeln, und bewahren Sie alles bis zum Dezember an einem kühlen, trockenen Ort auf. Geeignete Materialien sind Zweige, Disteln, Mohnkapseln, Samenkerne wie Eicheln, Bucheckern oder Ahornsamen, Fichten-, Tannen- und Kiefernzapfen, Holzäpfel, Hagebutten, Zwergmispeln, Beeren von Stechpalme und Weißdorn, das Grün von Efeu, Stechpalme und anderen immergrünen Pflanzen, Misteln und Federn.
- Dazu braucht es Draht, Glasgefäße und Teelichter, Bast oder Schnur, Farbbänder, Silber- oder Goldspray.
- Schere
- Kleber

- Verwenden Sie die Sterne einzeln als Christbaumschmuck oder machen Sie Sternmobiles daraus.

Naturfarben Zweige können ganz unterschiedlich gefärbt sein, vom Gelb der Weide über das Grau der Esche bis zum Dunkelrot des Hartriegels (Hornstrauchs). Wenn Sie einen Zweig schälen, kommt wiederum blankes Holz in einer ganz anderen Farbe zum Vorschein. Sie können diese natürlichen Farbvarianten für Ihre Sternkollektion nutzen und vielleicht auch mit Zweigen von Bäumen und Sträuchern aus dem Garten experimentieren.

Sterne aus Stöckchen Wenn Sie keine biegsamen Zweige finden oder Ihnen die Sterne aus Zweigen zu knifflig sind, können Sie auch fünf gleich lange Stöckchen in Sternform übereinander legen und mit Zwirn zusammenbinden.

WEIHNACHTSLICHTER

Glasbehälter, die mit natürlichen Materialien dekoriert sind, geben ungewöhnliche Kerzenhalter ab und können auch an Bäumen aufgehängt oder aufs Fenstersims gestellt werden.

- Wickeln Sie gleich unterhalb des oberen Randes einen dünnen Draht um das Glas. Dann befestigen Sie ein weiteres Stück Draht quer über dem Glas als Aufhänger.

- Verzieren Sie das Glas mit Samenkernen, Efeu, Mistel- und Stechpalmenzweigen oder anderen geeigneten Materialien, die Sie mit Bast festbinden oder aufkleben.

- Geben Sie ein Teelicht in jedes Glas und hängen Sie die Weihnachtslichter vorsichtig draußen an einen Ast oder stellen Sie sie drinnen auf eine ebene Fläche.

ENGEL AUS SILBERBLATT

Das Silberblatt mit seinen lilafarbenen Blüten wächst in vielen Gärten, aber auch auf Ödland und am Straßenrand. Aus seinen flachen, halb transparenten Schoten entstand der Engel auf der gegenüberliegenden Seite.

- Formen Sie einen Zweig zum Dreieck, indem Sie ihn an zwei Stellen biegen und die Enden mit einem Draht zusammenbinden.

- Befestigen Sie eine Mohnkapsel als Kopf an der Spitze des Dreiecks.

- Kleben Sie für das Kleid Silberblattschoten zusammen und befestigen Sie es am Dreieck.

- Legen Sie weitere Schoten in Flügelform übereinander und kleben Sie sie an einen Zweig. Dann befes-

tigen Sie den Zweig quer über der Dreiecksspitze, genau unterhalb der Mohnkapsel.

SCHMUCK AUS SAMENKERNEN

Kerne, Beeren und Zapfen verschiedenster Größen und Farben stellen das perfekte Ausgangsmaterial für eine ganze Reihe von Dekorationsartikeln dar. Sie brauchen dazu noch verschieden starken Draht. In diesem Kapitel sehen Sie unter anderem folgende Dekorationen:

Ringe aus Kernen und Beeren Sammeln Sie an Sträuchern und im Garten verschiedene Samenkerne und Beeren und fädeln Sie sie auf Draht auf oder kleben Sie sie daran fest. Dann biegen Sie den Draht vorsichtig zu einem Ring.

Beerenspirale Stärkeren Draht können Sie um einen Besenstiel zu einer Spirale formen. Fädeln Sie dann Beeren auf den Draht.

Beerendekoration Fädeln Sie in unterschiedlichen Kombinationen Beeren oder Samenkerne auf Drahtstücke.

Wundertiere Lassen Sie sich einmal überraschen, welche seltsamen und wunderbaren Geschöpfe Kinder aus Kernen, Beeren, Zapfen, Grün und Silber- oder Goldspray zustandebringen.

BÄUME SCHMÜCKEN

Selbstgemachter Schmuck sieht an einem Christbaum festlich aus, findet aber auch anderweitig Verwendung.

Afrikanischer Weihnachtsbaum Im Dezemberurlaub bei Freunden in Botswana entdeckten meine Kinder einige ungewöhnliche »Christbäume«. Blanke Äste und Zweige waren in Töpfe gestellt und mit einer Mischung aus traditionellem Schmuck und natürlichen Materialien wie Samenkapseln und Trockenblumen geschmückt worden. Wenn im Winter die Bäume oder Sträucher im Garten zurückgeschnitten werden, heben Sie ein paar Äste auf und bringen sie ins Haus, um Ihren eigenen afrikanischen Christbaum zu gestalten. Verwenden Sie dafür so viele natürliche Materialien wie möglich.

Baumschmuck Überall auf der Welt kennt man den alten Brauch, Bäume mit Bändern, Lichtern und anderem Schmuck zu verzieren. Bäume können zu verschiedenen Zeiten im Jahr geschmückt werden, etwa im Herbst zur Feier der Ernte oder zur Wintersonnenwende als Vorbote des wiederkehrenden Frühlings. Sie können mit selbstgemachtem natürlichem Schmuck und ein paar Bändern auch Ihren Lieblingsbaum im Garten oder im Wald herausputzen.

SICHERHEITSTIPPS

- Kinder sollten in der Nähe von Kerzen immer beaufsichtigt werden.
- Halten Sie Kerzen von Blattwerk fern.

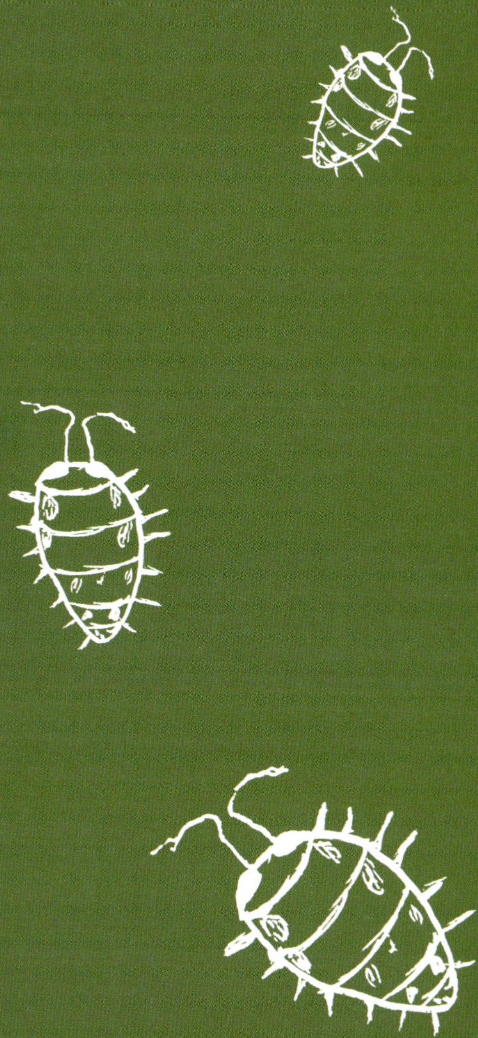

DAS GANZE JAHR HINDURCH

SPASS ZU JEDER JAHRESZEIT

Man kann die Natur zu jeder Zeit des Jahres, zu jeder Tageszeit und bei jedem Wetter genießen. Auch wenn einige Aktivitäten an jahreszeitliche Besonderheiten gebunden sind – das neue Leben im Frühling, das üppige Wachstum des Sommers, die Fruchtbarkeit des Herbstes oder die Ruhe des Winters –, kann man an vielen anderen das ganze Jahr über Spaß haben. Man kann stets auf Bäume steigen, auf Felsen klettern und mit Wasser planschen. Natürliche Materialien wie Schlamm, Steine, Stöcke und tote Blätter stehen immer zur Verfügung. Es lohnt sich aber auch, bestimmte Unternehmungen, etwa Strandspaziergänge, einmal zu einer scheinbar ungeeigneten anderen Zeit als üblich zu planen.

Als sie noch sehr klein waren, wollten meine Kinder an einem eisigen Winterwochenende unbedingt an den Strand gehen. Ohne sich von der Frostschicht am Sand abschrecken zu lassen, spielten sie dort zwar kurz, aber intensiv. Ebenso machte sich eine Gruppe zwölfjähriger Mädchen an einem sehr feuchten Frühlingstag zu einer geführten Wanderung auf. Wir erwarteten sie früh zurück, aber sie machten die ganze Wanderung mit und kamen nass bis auf die Knochen, aber bestens aufgelegt nach Hause – trotz oder gerade wegen des Regens. Wenn Kinder passend angezogen sind, können sie jedem Wetter etwas abgewinnen und freuen sich selbst daran, im Regen herumzuspringen, mit der Zunge Regentropfen zu fangen, im Sturmwind Drachen steigen zu lassen oder durch einen Schneesturm zu laufen.

Kinder kehren immer gern zu ihrem Lieblingsplatz zurück, sei das nun ein Ort, an dem sie herumrennen und Entdeckungen machen können, ein Kletterbaum oder ein besonderes Versteck. Indem sie ihn das ganze Jahr über immer wieder aufsuchen, erleben sie aus erster Hand, wie er sich von Tag zu Tag und von Jahreszeit zu Jahreszeit wandelt. Sie merken, dass einige Dinge von Dauer sind und andere sich je nach Jahreszeit und Wetter verändern. Sie beobachten kleine Unterschiede, etwa wie das Blätterdach der Bäume beim Übergang vom Frühling zum Sommer dichter wird, oder einschneidende Veränderungen, etwa wenn nach einem heftigen Regen aus einem trockenen, leeren Flussbett ein reißender Strom wird.

In diesem Kapitel finden Sie eine Reihe Spiele und Unternehmungen, die fast das ganze Jahr über möglich sind. Wie viele Aktivitäten in diesem Buch können sie zu verschiedenen Jahreszeiten und an vielen Orten durchgeführt werden.

AUF BÄUME KLETTERN

Immer, wenn wir Edward fragen, wohin wir spazieren gehen sollen, will er zu einem seiner beiden Lieblingskletterbäume. Sein absoluter Favorit ist eine alte Buche mit glatter grauer Rinde. Sie steht ganz oben an einem steilen Grashang, und ihr Gewirr von Ästen bietet ihm zahlreiche Plätze, an denen er im dichten Laubwerk des Sommers sitzen kann. Sein zweiter Liebling ist eine große, schlanke silberne Birke mit einer »Leiter« von Ästen, die in regelmäßigem Abstand am Stamm nach oben führen. Er klettert, so hoch er sich traut, schmiegt sich an die weiße Rinde, lauscht dem Wispern der Blätter im Wind und spürt mit Vergnügen und auch etwas Furcht dem Schwanken des Baums nach.

EINEN GANZ BESONDEREN BAUM SUCHEN

Kinder sind schon immer gern auf Bäume geklettert. Ein guter Kletterbaum ist eine echte Entdeckung. Man kann dort alles Mögliche spielen und unternehmen oder auch nur ruhig dasitzen und die Geräusche, Ausblicke und Gerüche der Natur genießen. Häufige Stippvisiten offenbaren, wie sich der Baum mit den Jahreszeiten verändert, von den nackten Ästen und dem offenen Ausblick im Winter hin zum grünen Tarnkleid im Sommer. Indem die Kinder auf unterschiedliche Bäume klettern, wird ihnen klar, wie verschieden sie sind, und es interessiert sie vielleicht, mehr darüber zu erfahren.

Koboldbaum Als Jake und Dan noch sehr klein waren, statteten sie dem »Koboldbaum« gern einen Besuch ab. Sie rannten aufgeregt und ein wenig bang zu dem alten, krummen Baum und klopften an die Rinde, um dem Kobold Angst zu machen, bevor sie in den hohlen Stamm schlüpften. Dort, im Herzen des alten Baums, stellten sie sich vor, wie der Kobold sie irgendwo im Dunkeln beobachtete. Hohle Bäume sind für Kinder besonders reizvoll; als meine Kinder herausfanden, dass ein alter Baobab, den sie in Afrika sahen, viele Jahre als Gefängniszelle gedient hatte, waren sie fasziniert und ein wenig entsetzt zugleich.

Der besondere Baum Ein Freund erzählte uns von einem Baum, der auf einer der Lieblingsrouten der Familie mitten im Weg stand. Er diente als Etappenziel ihrer Ausflüge, an dem die Kinder Halt machen und zwischen den Wurzeln spielen oder in die Äste kraxeln konnten. Für sehr kleine Kinder kann solch ein Baum ein echter Freund werden, zu dem sie immer wieder gern gehen und mit dessen Schlupfwinkeln und Verstecken sie vertraut sind.

Umgestürzte Bäume Ein großer umgefallener Baum ist wie ein Abenteuerspielplatz und gibt den Kindern Gelegenheit, auf ihm zu balancieren und zu wippen, sich zu verbergen und Verstecke zu bauen.

SICHERHEITSTIPPS

- Kinder sollten nur auf Bäume klettern, die ausgewachsen sind und starke Äste haben.
- Lassen Sie die Kinder nicht auf tote Äste klettern.
- Es sollte nur eine bestimmte Anzahl von Kindern gleichzeitig auf einen Baum klettern. Fordern Sie sie auf, sich nah am Stamm zu halten.

EIN VERSTECK IM FREIEN

Stellen Sie sich vor, Sie seien draußen in der Wildnis gezwungen, ganz auf sich allein gestellt zu überleben. Das Kinderbuch »Allein in der Wildnis« von Gary Paulsen erzählt, wie ein zwölfjähriger Junge eine Notlandung mit dem Flugzeug überlebt und sich in der Wildnis durchschlägt. Mit nichts als den Kleidern, die er am Leib trägt, und einem Beil lernt er zu überleben. Er baut einen Unterschlupf, um sich vor Wind und Wetter und vor den wilden Tieren zu schützen, er findet heraus, wie man Feuer macht, und fertigt Pfeil und Bogen zur Nahrungsbeschaffung an. Obwohl er seine Rettung kaum erwarten kann, entwickelt er auch Liebe und Respekt für die Natur, die ihn am Leben erhält. Das Buch spricht die Abenteuerlust der Kinder an und stellt einen realen Bezug zu spielerischen Aktivitäten wie dem Bau eines Verstecks her.

Kinder finden es aufregend, ihr eigenes Versteck zu bauen, in das kein Erwachsener hinein kann. Dazu kann man das Sofa umbauen oder alte Decken über umgedrehte Stühle hängen, aber Kinder lieben auch Verstecke im Freien. Unsere Kinder taten sich mit den Nachbarskindern zusammen, um in der großen immergrünen Hecke zwischen unseren Vorgärten ein Versteck zu bauen. Sie schnitten das Innere der Hecke heraus, bis ein geheimer Unterschlupf entstanden war, der groß genug für alle vier war. Und Passanten waren ziemlich überrascht, wenn sie plötzlich Kinderstimmen aus dem Inneren der Hecke hörten.

Unerschrockene kleine Forscher wagen sich vielleicht sogar in den Wald, um ein richtiges Versteck zu bauen, das stabil genug ist, eine Zeit lang zu halten und den Elementen zu trotzen; es ist der Ort, wo man sich niederlässt, um den Proviant zu essen, und an den man immer wieder zurückkehrt. Das hier abgebildete Versteck hielt die Kinder stundenlang auf Trab, von der sorgsamen Planung über das Sammeln von passenden Stämmen, Stöcken und Brombeerranken bis hin zum Bau unter fachkundiger Anleitung. Nach vier Wochen war es fertig und wurde zum Ziel zahlreicher Expeditionen: Die Kinder besserten es weiter aus, picknickten dort und machten es zum Schauplatz aller möglichen Fantasiespiele. Es war ihr Ort, den sie tief im Wald geschaffen hatten, und sie fühlten sich dort zuhause.

Im Vorfeld des Versteckbaus wird immer eifrig geplant – und es wird viel darüber geredet, dort zu übernachten, Wind und Wetter zu trotzen und der Wildnis die Stirn zu bieten. Die Kinder begeistern sich für die gemeinsame Arbeit, tragen geeignetes Material zusammen und werkeln an ihrem Unterschlupf, doch unter Anleitung eines Erwachsenen wird ein viel robusterer Unterstand daraus. Vielleicht ist er sogar so gut, dass Sie alle dort die Nacht verbringen können und umgeben von den Geräuschen der Nacht einen Einblick ins Leben in freier Natur bekommen.

DEN RICHTIGEN PLATZ SUCHEN

Wenn Sie einen Ort für ein Versteck suchen, sollten Sie Folgendes bedenken:

- Es kann zwar auch im Garten oder Park sein, aber der richtige Wald ist viel aufregender und eben »echt« wild.
- Versuchen Sie, Flora und Fauna so wenig wie möglich zu schädigen, indem Sie eine Stelle suchen, an der der Waldboden kahl und relativ frei von Pflanzenbewuchs ist.
- Vergewissern Sie sich, dass es dort viel totes Holz gibt. Geeignetes Baumaterial für ein Versteck sind Stämme, Äste, Stöcke und Laub, die man vom Boden aufsammelt.
- Suchen Sie sich eine natürliche Ausgangsbasis für das Versteck, etwa einen toten Baumstamm oder einen bis zum Boden reichenden Ast. Das ist viel leichter, als ganz neu bauen zu müssen, und es gibt der ganzen Konstruktion zudem Halt.
- Hohlräume, die bei Regen sehr feucht werden, sind zu vermeiden.
- Wenn man unter dichtem Laubbewuchs baut, wird es daraus nach einem heftigen Regenschauer noch lange herabtropfen.

EIN VERSTECK BAUEN

Das Grundgerüst, das aus schweren Ästen bestehen könnte, sollte am besten unter der Aufsicht eines Erwachsenen konstruiert werden; es ist wichtig, dass das Gefüge sehr robust und sicher ist. Wie bei dem hier abgebildeten Versteck könnten Sie einen umgestürzten Baumstamm als Ausgangspunkt benutzen und nach den folgenden Anweisungen darauf aufbauen:

- Suchen Sie drei lange Äste, die das Grundgerüst bilden. Binden Sie sie an der Spitze fest zusammen, etwa mit Schnur oder Ranken von Brombeere, Geißblatt oder Klematis.

- Bringen Sie an einer der Seiten zusätzliche Äste an, um ein Dach zu erzeugen, und binden Sie auch diese mit natürlichen Materialien fest, die Sie in der Nähe gefunden haben.

- Dann flicht man kleinere Zweige und Halme in den Rahmen, sodass sich ein festes Gitter ergibt, das eine Abdeckung aus Laub und Gras halten kann.

- Nun sammeln die Kinder Blätter und Gras und legen alles auf das Gitter; dabei arbeitet man sich vom Boden nach oben vor. Das dicke Laub vom Waldboden ist ein ideales Abdeckmaterial, das isoliert und Regen abhält.

- Die weitere Ausgestaltung hängt von den Kindern ab. Vielleicht möchten sie einen sauber gefegten Boden, um mit ihren Freunden auf glatter Fläche sitzen zu können; oder sie häufen Laub zu einer weichen Unterlage auf.

- Die Fertigstellung des Verstecks kann mit einem Umtrunk oder einem festlichen Picknick begangen werden.

MIT EINEM KELLY KETTLE KOCHEN

Jos Kinder kochen mit einem Kelly Kettle gern Tee oder Suppe. Das ist ein spezieller doppelwandiger Wasserbehälter, mit dem man im Freien Flüssigkeiten erhitzen kann. Die Kinder sammeln trockene Blätter und Zweige und machen in der mitgelieferten Feuerschale ein kleines Feuer. Sobald es brennt, wird der Metallkessel daraufgestellt. Das zwischen Außen- und Innenwand des Kessels eingefüllte Wasser wird schnell heiß, während die warme Abluft des Feuers durch den »Kamin« im Kessel emporsteigt. Kelly Kettles erhitzen sich sehr rasch und sollten nur unter Aufsicht von Erwachsenen benutzt werden. Dies ist die einzige sichere Art, im Wald Feuer zu machen; die kleine Flamme lässt sich nach dem Kochen des Wassers leicht löschen.

DAS BRAUCHEN SIE

Man kann alles verwenden, was man findet. Mitbringen sollte man alte Handschuhe und vielleicht ein scharfes Messer, dazu Einfallsreichtum und viel Fantasie.

SICHERHEITSTIPPS

- Kinder sollten nur unter Aufsicht von Erwachsenen mit Messern hantieren.
- Geben Sie acht auf Pflanzen mit Dornen und Stacheln – Gartenhandschuhe sind sehr nützlich, um die Hände zu schützen.
- Machen Sie kein offenes Feuer im Wald (siehe Seite 187).

AUF ASSELJAGD IM WALD

Connie liebte es früher, Kellerasseln unter verrottenden Baumstämmen zu suchen und ihre panzerartigen Leiber und zuckenden Fühler zu betrachten, während sie ins Dunkel zurückzukrabbeln versuchten. Ihr Liebling war die schwarze Kugelassel, die sich zu einem festen kleinen Ball zusammenrollte, wenn Connie sie mit dem Finger anstupste. Bei der Asseljagd im Wald erfahren Kinder mehr über die vielen kleinen Lebewesen, die noch die winzigsten Schlupfwinkel des Waldes, Parks oder Gartens bevölkern. Diese Aktivität ist fast das ganze Jahr über möglich, außer in den kältesten Wintermonaten.

Der vielschichtige Lebensraum Wald bietet kleinen Geschöpfen mannigfaltigen Unterschlupf, sei es in den Ästen der Bäume, in niedrigen Sträuchern, in bodendeckenden Pflanzen, in tiefen Laubschichten oder in verrottendem Holz. Jeder Lebensraum birgt verschiedene Arten, die sich an das Leben in dieser Umgebung angepasst haben. Auf der Suche nach den kleinsten Tieren des Waldes sind Baumstämme, Laubhaufen und verrottendes Holz am besten zugänglich. Die Krabbeltiere, die diese Orte bevölkern, spielen eine Schlüsselrolle im Kreislauf des Lebens, indem sie dabei helfen, totes Pflanzenmaterial zu zersetzen und die darin gebundenen Nährstoffe dem Erdreich zurückzugeben, sodass die nächste Pflanzengeneration sie nutzen kann. Halten Sie Ausschau nach krabbelnden schwarzen Laufkäfern, Asseln, vielbeinigen Hundert- und Tausendfüßlern und den grimmig aussehenden, aber harmlosen Ohrwürmern mit ihren zangenartigen Schwänzen.

DAS BRAUCHEN SIE

- Großes Stück Plastikfolie
- Handschuhe (am besten Gartenhandschuhe)
- Durchsichtige Plastikbehälter
- Pinsel
- Lupe
- Bestimmungsbuch (wenn gewünscht)

SICHERHEITSTIPP

Sorgen Sie dafür, dass die Kinder sich gründlich die Hände waschen, nachdem sie das Laub untersucht haben.

MINITIERE IM LAUBHAUFEN

- Sammeln Sie einen Haufen verrottender Blätter vom Waldboden auf und legen Sie ihn auf eine Plastikfolie.
- Nun werden die Blätter vorsichtig gesichtet. Kinder möchten dabei vielleicht Handschuhe tragen oder ein Stöckchen benützen.
- Suchen Sie nach kleinen Lebewesen und geben Sie sie in einen durchsichtigen Plastikbehälter, um sie genauer zu betrachten. Benutzen Sie einen Pinsel, um die kleinsten von ihnen aufzunehmen.
- Eine Lupe und ein Bestimmungsbuch kann hilfreich sein. Wenn Sie fertig sind, bringen Sie das Laub und die kleinen Tierchen wieder dorthin zurück, wo Sie sie gefunden haben.

UNTER BAUMSTÄMMEN UND ÄSTEN

Suchen Sie im feuchten Dunkel unter Holzklötzen und Ästen nach Schnecken, Hundert- und Tausendfüßlern, Kellerasseln und Laufkäfern.

- Holzklötze hebt man vorsichtig an, um unter ihnen nachzusehen, und bringt sie danach stets wieder in ihre ursprüngliche Position zurück.

- Fordern Sie die Kinder auf, die Natur immer wieder genauso zurückzulassen, wie sie sie vorgefunden haben.

IN VERROTTENDEM HOLZ

Bei einem Tarnspiel ließen sich die Kinder von einem großen Baumstamm ablenken. Sie stocherten in dem zerfallenden Holz herum und stellten überrascht fest, dass es weich wie ein Schwamm war, wie Erdreich beschaffen und gar nicht so hart, wie sie erwartet hatten.

- Suchen Sie sich einen Baumstamm und sehen Sie selbst, wie viele verschiedene Lebewesen unter, auf oder in ihm leben.

- Besprechen Sie mit den Kindern, wie das verrottende Holz wieder zu Erde wird und wie die Nährstoffe wiederum den Wurzeln der Bäume zugute kommen.

BLINDEKUH

Wir erleben die Natur vorwiegend über unsere Augen, indem wir Formen, Strukturen, Farben und Kontraste sehen; unsere übrigen Sinne treten dabei gewöhnlich in den Hintergrund – es sei denn, sie werden extra gefordert. Wenn wir nichts sehen, erhöht sich unsere Wahrnehmung von Geräuschen und Gerüchen und unser Tastempfinden um ein Vielfaches, so als würde das Fehlen eines Sinnes die anderen steigern. Sobald unsere Augen verbunden sind, fühlen wir eher den Temperaturunterschied beim Wechsel von der Sonne in den Schatten, wir hören das Geräusch knisternden Laubs unter unseren Füßen besser, und wir riechen auf einmal den süßlichen Modergeruch nasser Blätter.

Das traditionelle Blindekuhspiel ist bei kleinen Kindern nach wie vor sehr beliebt. Ganz anders als Erwachsene, die oft etwas ängstlich sind, wenn man ihnen die Augen verbindet, finden Kinder diese Erfahrung lustig und spannend. Verlegen Sie solche Blindekuhspiele nach draußen, in einen Park oder Garten, und zeigen Sie den Kindern, wie sie die Natur auf neue und unerwartete Weise erleben können.

EINEN BAUM UMARMEN

Wir mögen den Schatten schätzen, den uns die Bäume spenden, uns an ihren Herbstfarben freuen und abenteuerlustig an ihnen hochklettern, und doch nehmen wir diese Waldriesen allzu oft als selbstverständlich hin. Einen Baum zu umarmen drückt Respekt und Ehrfurcht aus und erinnert an die Bemühungen von Umweltaktivisten, die bedrohte Bäume schützen wollen. Wenn Kinder auf einen riesigen Baum wie etwa einen Mammutbaum stoßen, wird man sie kaum dazu auffordern müssen, ihn zu umarmen und herauszufinden, wie viele Leute nötig sind, um den Stamm mit ausgestreckten Armen zu umfassen.

Dies ist eine Möglichkeit, Kinder dazu anzuregen, die Charakteristika verschiedener Bäume zu erforschen, indem sie mit Händen und Fingerspitzen erspüren, welche ganz eigene Beschaffenheit, Form, Größe und Persönlichkeit jeder Baum besitzt. Dieses Spiel eignet sich für jeden Wald oder Stadtpark ohne Unterholz, in dem Bäume unterschiedlicher Formen und Größen wachsen.

DAS BRAUCHEN SIE

- Augenbinden, Tücher oder Schals. Nehmen Sie immer ein paar zusätzliche Augenbinden mit. Dieses Spiel ist leicht vorzubereiten und macht an vielen verschiedenen Orten immer wieder Spaß.
- Langes, starkes Seil (für Seilspiele)

SICHERHEITSTIPPS

- Blindekuhspiele müssen immer beaufsichtigt werden.
- Sorgen Sie dafür, dass die Kinder beim Blindekuhspielen nicht übermütig werden.
- Geben Sie auf Baumstämme, freiliegende Wurzeln und herabhängende Äste acht.
- Wählen Sie für kleinere Kinder einen Ort, an dem es wenige Hindernisse gibt (größere Kinder haben mehr Spaß daran, wenn die Umgebung sie fordert).
- Kinder müssen immer beaufsichtigt werden, wenn sie mit Seilen hantieren.

- Teilen Sie die Kinder in Paare ein; jedes Kind soll einmal Führer und einmal Blindekuh sein.

- Ein Erwachsener sollte vorführen, wie es geht, indem er ein Kind mit verbundenen Augen zu einem Baum führt.

- Die Kinder, die Führer sind, halten den Unterarm ihres Partners ganz fest und führen ihn vorsichtig zu ei-

nem Baum. Auf dem Weg dorthin achten sie darauf, Hindernisse möglichst zu meiden. Es ist wichtig, dass die Kinder mit verbundenen Augen entspannt sind und Vertrauen zu ihrem Führer und zu dem haben, was sie über ihre übrigen Sinne wahrnehmen.

- Die Führer helfen den Kindern mit verbundenen Augen bei der Erkundung ihrer Bäume, indem sie ihre Hände an die Rinde legen, sodass sie fühlen, ob sie glatt oder rissig ist, sie kleine Spalten erforschen und eine Knospe, ein sich entfaltendes Blatt, ein Weidenkätzchen oder einen Samenkern berühren lassen.

- Die Kinder können auch ihre Arme um den Baum legen, seinen Umfang messen und nach Ästen tasten, die aus dem Stamm wachsen.

- Auch den Boden um den Baum herum kann man befühlen, nach abgefallenen Blättern und Samen wie auch nach Wurzeln oder samtenen Moospolstern absuchen.
- Die Kinder sollen auch ihre Nase benützen und an verschiedenen Teilen des Baums schnuppern.

- Sobald die Kinder ihren Baum kennen, werden sie im Zickzack weggeführt und ein paar Mal um die eigene Achse gedreht, damit sie die Orientierung verlieren.

- Nun fordern Sie die Kinder auf, ihre Augenbinden abzunehmen und ihren Baum zu suchen – die Freude ist immer groß, wenn sie ihn richtig erkannt haben.

- Dann tauschen die Kinder die Rollen, sodass alle mindestens einmal Führer und einmal Blindekuh waren.

GEFÜHRTE WANDERUNG

Hierbei wird ein Kind mit verbundenen Augen spazieren geführt.

- Der Führer sollte eine interessante und abwechslungsreiche Route auswählen, bei der er die Hand des Partners an natürliche Objekte führen kann, etwa an ein weiches Moospolster, Flechten an einem Ast, schwammiges totes Holz oder die kühle Oberfläche eines Felsens.

- Man kann das Kind auch andere Objekte befühlen lassen. Erkennt es die Form und Beschaffenheit einer Feder, einer Eichel, eines Fichtenzapfens oder von feuchtem Schlamm?

- Zerdrücken Sie wilde Kräuter wie Majoran, Thymian, Minze oder andere Pflanzen mit kräftigem Eigengeruch, etwa Bärlauch oder Kiefernnadeln, und lassen Sie die Kinder daran schnuppern und raten, was es sein könnte.

- Führen Sie die Kinder über wechselnden Untergrund, zum Beispiel Gras, Blätter, Kieswege oder eine Schlammpfütze.

- Versuchen Sie es auch barfuß über Gras, das noch vom Tau feucht ist, moosbewachsenen Morast oder

Laub. Das kann ein spannendes und lustiges Erlebnis werden; Sie sollten aber auf scharfe Steine, spitze Stöcke und Dornen achtgeben.

SEILSCHAFTEN

Auf einer Frühlingswanderung legte ein Freund der Familie ein langes Seil einen steilen Grashang hinauf und stellte sich selbst ganz oben mit dem Seilende in der Hand hin. Die Kinder legten ihre Augenbinden an und hangelten sich am Seil den Abhang hinauf. Sie quietschten vor Vergnügen, als sie auf Ameisenhügel, Kaninchenlöcher und undurchdringliche Büsche stießen.

- Seilspiele erfordern etwas Planung im Voraus. Die Kinder halten sich mit verbundenen Augen am Seil fest und folgen ihm nacheinander; dabei kann das Seil an verschiedenen Stellen der Strecke gesichert werden.

- Wählen Sie die Strecke so, dass eine Menge Hindernisse und unterschiedliches Terrain überwunden werden müssen. Die Route kann zum Beispiel hinauf und hinunter führen, einem schattigen Waldpfad folgen und eine sonnige Lichtung queren, die Kinder zwingen, unter tief hängenden Ästen durchzukrabbeln und über moosbewachsene Baumstümpfe zu klettern, und schließlich in einem großen Laubhaufen oder sogar einer Schlammpfütze enden.

- Gestalten Sie die Route noch interessanter, indem Sie das Seil in unterschiedlicher Höhe fixieren, einmal hoch oben und dann wieder nahe am Boden.

- Eine Alternative ist der bewegliche Pfad: Ein Erwachsener nimmt ein Seilende in die Hand, die Kinder stellen sich mit verbundenen Augen in regelmäßigen Abständen am Seil entlang auf und halten es mit einer Hand fest. Dann geht der Erwachsene los und zieht die Kinder hinter sich her; dabei warnt er sie vor Hindernissen. Das Seil sollte immer straff bleiben, und niemand sollte plötzlich daran ziehen. Führen Sie die Kinder an einen Ort, den sie nicht kennen; dann nehmen Sie ihnen die Augenbinden ab und lassen sie den Rückweg zum Ausgangspunkt suchen.

SCHATZSUCHE

»Wer findet heute etwas Ungewöhnliches im Wald?« So begann eine muntere Jagd, bei der die Kinder nach den kuriosesten und wunderlichsten Objekten suchten wie nach der Stecknadel im Heuhaufen. Nach etwa 20 Minuten hatten sie Schätze wie die Feder eines Roten Milans, Schneckenhäuser, Bucheckern und – was das Spannendste war – die ziemlich ekligen Überreste einer Fuchspfote zusammengetragen. Es wurde viel darüber geredet, was die Kinder für ungewöhnlich hielten und warum, und zog weitere Jagden nach noch ungewöhnlicheren Fundsachen nach sich.

DIE SCHATZSUCHE ORGANISIEREN

Wenn Kinder nach Schätzen Ausschau halten, bleiben sie wachsam und denken kreativ. Sie könnten kleinere Kinder auffordern, fünf verschiedene Blätter, eine Feder und einen Fichtenzapfen, etwas Weißes und etwas Flauschiges zu suchen. Älteren Kindern kann man schon schwierigere Aufgaben stellen, etwa eine sonnige Ecke zu suchen, Samen, die fliegen können, die Überreste einer tierischen Mahlzeit, etwas, das eine Pflanze schützt, und ein Tierhaar.

- Untersagen Sie das Pflücken von Wildblumen.
- Sobald alle mit Sammeln fertig sind, versammeln sie sich wieder, um einander ihre Funde zu zeigen und zu besprechen, warum sie welche Dinge ausgewählt haben.
- Ermuntern Sie größere Kinder, über die Rolle nachzudenken, die ihre Funde in der Natur spielen könnten (z. B. dienen Nüsse als Nahrung, tote Blätter reichern den Boden mit Nährstoffen an).
- Die Kindern können einige dieser Dinge, etwa Samenkerne, Federn, Schalen oder Kieselsteine, mit nach Hause nehmen, vielleicht als Grundstock einer naturkundlichen Sammlung oder als Material für eine Collage oder die Skulptur eines Fabeltiers.
- Sorgen Sie aber dafür, dass die meisten Schätze dort zurückgelassen werden, wo sie gefunden wurden.

SCHATZSUCHE EINMAL ANDERS

Spontane Schatzsuche Sie sollten immer ein paar Ideen in der Hinterhand haben, falls die Kinder die Lust verlieren oder einen neuen Anreiz brauchen. Sie könn-

ten nach Frühlingsvorboten Ausschau halten, nach Dingen, die für den Menschen nützlich sind, nach Anzeichen für die Anwesenheit von Tieren, nach Schätzen oder auch nach etwas, das sie eklig finden …

Wettbewerb Wer findet als Erster eine Feder, eine Schale oder eine angefressene Nuss? Wer findet das größte Blatt oder das Schneckenhaus mit den meisten Streifen?

Virtuelle Schatzsuche Geben Sie jedem Kind einen Stift in die Hand und eine Schatzliste mit Dingen, die sich physisch nicht sammeln lassen: eine Eiche, ein Kaninchenloch, ein Vogelnest oder einen Ameisenhaufen. Lassen Sie sie diese Dinge zeichnen, so wie sie sie vorgefunden haben.

Fantasieschatzsuche Ob sie wohl das Kleid einer Fee oder einen Elfentisch, ein Hobbitloch oder eine Drachenhöhle finden? Namen und Figuren aus Lieblingsbüchern oder -filmen helfen der Fantasie der Kinder bei der Suche nach den unwahrscheinlichsten Schätzen auf die Sprünge.

Miniaturschatzsuche Geben Sie jedem Kind einen sehr kleinen Behälter – etwa eine Streichholzschachtel oder eine Filmdose – und lassen Sie es herausfinden, wie viele Dinge darin Platz haben. Schicken Sie es auf die Suche nach winzigen Dingen wie einem Grashalm, einer Fichtennadel, einem kleinen Stein, einem Dorn oder einem Kern. Nach etwa 20 Minuten rufen Sie die Kinder zusammen und bitten sie, ihre Funde jeweils auf ein Stück Papier oder Karton zu legen, um sie zu zählen. Vielleicht sortieren sie ihre Schätze auch nach Kategorien.

Schatzsuche am Wasser Wer findet die kleinste Muschelschale, einen Kiesel mit Loch, drei verschiedene Arten von Seegras oder das interessanteste Stück Treibholz?

Was gehört nicht dazu? Geben Sie den Kindern Eierkartons und fordern Sie sie auf, jeweils fünf ähnliche Dinge und ein Objekt zu suchen, das sich von den anderen unterscheidet. Die Entscheidung über Ähnlichkeiten und Unterschiede liegt bei dem Kind. Dann dürfen Sie und die anderen Kinder raten, welches Objekt nicht dazugehört.

Naturmemory Dieses beliebte Spiel kann zur Schatzsuche umfunktioniert werden. Bedecken Sie eine Auswahl von etwa zehn verschiedenen natürlichen Objekten mit einem Tuch und zeigen Sie sie den Kindern maximal 30 Sekunden lang. Wissen sie danach noch, was sie gesehen haben? Können sie losgehen und die gleichen Dinge sammeln?

DAS BRAUCHEN SIE

- Vorbereitete Schatzlisten
- Beutel/Behälter wie Joghurtbecher oder Eierkartons. Die Art des Behälters spielt keine Rolle, aber alle Kinder sollten die gleichen bekommen.

SICHERHEITSTIPPS

- Die Kinder sollten keine Beeren oder Pilze sammeln, da einige von ihnen giftig sind.
- Sorgen Sie dafür, dass die Kinder sich nachher gründlich die Hände waschen.

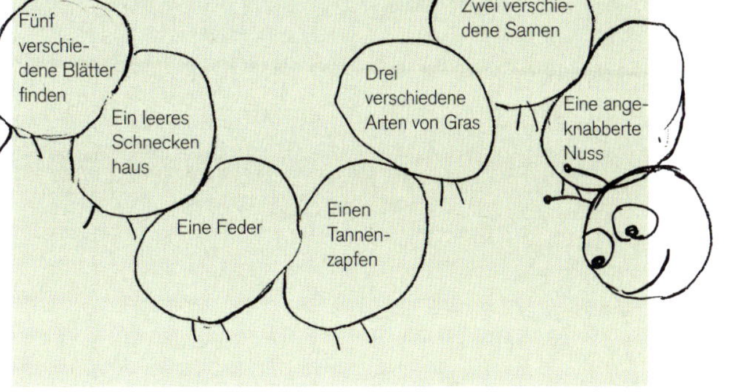

NATURDETEKTIVE

Auf einer Wanderung durch den afrikanischen Busch staunten meine Kinder darüber, wie gut unsere ortskundigen Führer die Spuren der Tiere lesen konnten. Die Führer deuteten jede Trittspur und jedes Loch im Boden, die Überreste von Pflanzen oder Tieren erzählten ihnen, wer was oder wen gefressen hatte, und sie wussten sogar, von welchem Tier die Losung, die Kotspuren, stammten. Sie wussten selbst Spuren zu lesen, die viel zu unscheinbar waren, als dass wir sie überhaupt wahrgenommen hätten: ein umgedrehtes Blatt, einen leichten Abdruck im Boden, ein Haar, das an einem Dorn hängen geblieben war. Sie lasen darin wie in einem Buch, fanden heraus, wer was wo getan hatte, und führten uns dann zu den besten Plätzen, an denen wir mehr Tiere sahen, als wir je für möglich gehalten hätten.

DAS BRAUCHEN SIE

- Lupe
- Material für Gipsabdrücke von Tierspuren (siehe Anleitung Seite 55)
- Beutel/Behälter
- Bestimmungsbuch für Tierspuren

SICHERHEITSTIPP

Lassen Sie die Kinder Kotspuren nicht mit den Händen anfassen. Um herauszufinden, was das Tier gefressen hat, können sie Stöckchen benutzen.

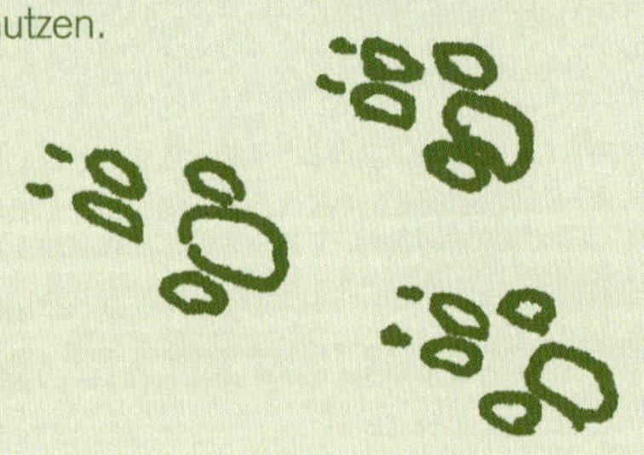

Für Laien stellen solche Anhaltspunkte ein unlösbares Puzzle dar, aber ein erfahrener Spurenleser kann sie deuten, indem er alle Sinne benutzt und sich in das Tier hineinversetzt, dem er folgt. Obwohl es Jahre dauert, solches Wissen und solche Fertigkeiten zu entwickeln, sollten Sie die Kinder dazu ermutigen, bewusster auf Spuren und Zeichen zu achten, sodass auch sie zu Naturdetektiven werden und die Tiere in freier Wildbahn bespitzeln können.

SPUREN FINDEN UND DEUTEN

Bei einem Winterspaziergang wollte der Freund meines Sohnes wissen, von wem all die kleinen ovalen Spuren stammten, die kreuz und quer durch den Schnee führten. Sie bestanden jeweils aus vier Abdrücken – in dem charakteristischen Muster, das ein hoppelndes Kaninchen hervorbringt. Der Junge war fasziniert von der Menge der Spuren, die anzeigten, wie betriebsam es in der Natur zugeht, wenn wir nicht da sind. Indem sie den Spuren folgen, können die Kinder Einsichten in das Leben der Vögel und übrigen Tiere gewinnen.

- Spuren lassen sich am leichtesten im Winter und Vorfrühling entdecken, wenn der Boden schlammig und noch wenig von Pflanzen bewachsen ist. Suchen Sie im Matsch, im Schnee oder auf Sandbänken an Flüssen oder Teichen nach ihnen.

- Je frischer die Spuren, desto deutlicher und einfacher sind sie zu erkennen. Ein Spurenleser, der frühmorgens unterwegs ist, wird reich belohnt werden, besonders, wenn gerade Schnee gefallen ist.

- Das beste Licht zum Spurenlesen hat man am frühen Morgen oder am späten Nachmittag, wenn die Sonne schräg steht und längere Schatten wirft.

- Verstreuen Sie Sand vor dem Bau eines Tieres. Kommen Sie dann am nächsten Tag wieder und sehen Sie

nach, ob Ihnen frische Spuren etwas erzählen können.

- Sie können an den Spuren feststellen, wie schnell sich das Tier bewegt hat: Je weiter die einzelnen Spuren auseinander liegen, desto schneller war das Tier unterwegs.

- Die Kinder können den Spuren folgen, um zu sehen, wohin sie führen, oder sie fertigen Gipsabdrücke von ihnen an, um sie mit nach Hause zu nehmen (siehe Seite 55). Wenn sie die Spuren in Gips konservieren und sich ihre Anordnung merken, können sie sicher herausfinden, welches Tier sie hinterlassen hat.

WILDWECHSEL

Viele Tiere sind Gewohnheitstiere und benutzen regelmäßig die gleichen Pfade zwischen Bau und Futterplatz. Meine Kinder fanden Spuren von Wild in einem Wald und folgten ihnen einen Hügel hinunter auf eine Wiese. Weiter oben entdeckten wir etwas, das aussah wie ein Dachsbau, und obwohl wir keine weiteren Spuren auf dem Wildwechsel fanden, folgerten wir, dass er wahrscheinlich von Dachsen benutzt wurde, die auf der Wiese nach Regenwürmern suchten.

Kinder sind viel besser als Erwachsene darin, Tierspuren zu entdecken, und sie haben großen Spaß daran, ihnen zu folgen. Ermuntern Sie die Kinder, nach aussagekräftigen Tierspuren und anderen Hinweisen Ausschau zu halten, etwa nach Haaren, die an Stacheldraht hängen.

ANDERE HINWEISE

Viele Hinterlassenschaften, etwa Federn, Nahrungsreste oder Kotspuren (Losung), liefern Anhaltspunkte dafür, von welchem Tier sie stammen.

Einzelne Federn Vögel mausern sich nach und nach und verlieren ihre Federn einzeln, während ihnen neue nachwachsen. Fordern Sie die Kinder auf, sich das Muster und die Farben einer einzelnen Feder anzusehen und die Unterschiede zwischen den weichen, flaumigen Deckfedern dicht am Rumpf und den starken Flugfedern an den Flügeln zu beachten. Legen Sie eine Federsammlung an – Sie können sie für alle möglichen kreativen Tätigkeiten oder für die Befiederung von Pfeilen gebrauchen.

Federhaufen Mehrere Federn an einem Ort können darauf hindeuten, dass hier ein Räuber Beute geschla-

Reh

Pferd

Katze

Krähe

Ratte

gen hat. In diesem Fall werden Sie wahrscheinlich kleine und große Federn zusammen finden – und dazuein paar blutige Überreste.

Nüsse und Kerne Suchen Sie unter den Bäumen nach angefressenen Schalen von Nüssen oder Kernen. Jedes Tier knackt sie auf seine Weise. Eichhörnchen etwa brechen Nüsse ordentlich in der Mitte durch, während Mäuse ein Loch hineinnagen.

Angefressene Blätter Sie könnten auf eine hungrige Raupe oder ein anderes Insekt hindeuten.

Angefressene Zapfen Eichhörnchen nagen säuberlich alle Schuppen von einem Zapfen ab.

Knochen Reste von Knochen können darauf hindeuten, dass hier ein Räuber Beute geschlagen hat. Wenn Knochen sauber abgenagt und von der Sonne gebleicht sind, können Sie sie nach Hause mitnehmen, um sie zu bestimmen.

Eierschalen Vogeleier sind leichte Beute für Räuber. Die Kinder können eine Kollektion von zerbrochenen Schalen in verschiedenen Farben anlegen.

Gewölle Da Vögel keine Zähne haben, müssen sie entweder ihre Beute zerreißen oder sie als Ganzes fressen; dabei verschlingen sie große Mengen unverdaulichen Materials wie Knochen, Fell und Federn. Diese Nahrungsreste werden im Magen verdichtet und etwa zweimal am Tag herausgewürgt. Gewölle wird von Möwen, Krähen, Eulen und anderen Raubvögeln produziert und findet sich meist in der Nähe von Nestern oder unter Sitz- und Rastplätzen der Vögel. Getrocknetes Gewölle kann mit einer Pinzette untersucht werden, um Fell, Federn, Knochen, Bruchstücke von Schneckenhäusern und Pflanzenreste freizulegen.

Losung Kleine Kinder sind fasziniert von tierischen Kotspuren. Beim Spazierengehen draußen werden sie jede Menge davon entdecken. Viele Tiere scheiden den Kot in einer für sie charakteristischen Form aus, die Spurenlesern und Ökologen erzählt, welche Art wohin unterwegs ist oder was sie gefressen hat. Ermuntern Sie die Kinder, nach Losung Ausschau zu halten, und ziehen Sie für die Älteren ein Bestimmungsbuch heran, um das entsprechende Tier zu ermitteln.

TIERISCHE WOHNUNGEN

Kinder lieben es zu spekulieren, wer wohl in den kleinen Löchern oder Nestern lebt, die sie entdeckl haben. Ermuntern Sie sie, nicht nur das Loch im Boden zu betrachten, sondern auch den Bereich darum herum nach Trittsiegeln oder Nahrungsresten abzusuchen. Die Spuren der Tiere einzuordnen ist nicht ganz einfach, aber es sollte die Kinder nicht davon abhalten, die Augen offen zu halten und sich zu fragen, wer wo wie lebt.

BOOTE FAHREN LASSEN

Pu der Bär erfand das Pu-Stöcke-Spiel, nachdem er aus Versehen einen Tannenzapfen auf der flussaufwärts gerichteten Seite einer Brücke fallen gelassen und entdeckt hatte, dass er gleich darauf auf der flussabwärts gelegenen Seite wieder auftauchte. Anstelle von Tannenzapfen benutzten Pu der Bär und seine Freunde markierte Stöcke und verbrachten viele glückliche Stunden damit zu beobachten, wessen Stock als Erster hinter der Brücke wieder auftauchte. Sogar Kinder, die A. A. Milnes Geschichten von Pu dem Bären nicht kennen, werden begeistert an jeder Brücke, an der sie vorbeikommen, das Pu-Stöcke-Spiel spielen; für ernsthafte Spieler gibt es sogar eine internationale Pu-Stöcke-Meisterschaft im englischen Oxfordshire auf der Themse.

Bauen Sie das Pu-Stöcke-Spiel aus und ermuntern Sie die Kinder, aus allen möglichen Naturmaterialien ihre eigenen Schiffchen zu bauen. Die Boote können zu Abenteuern auf See, zu einer Regatta in einem Wildbach oder zu Kreuzfahrten im Planschbecken ausgesetzt werden.

BINSENBOOTE

Auf einer Bergwanderung legten Jo und ihre Familie eine Rast an einem kleinen Bach ein. Die Kinder fanden schnell heraus, dass die dort wachsenden Binsen schwammen, und so bastelten sie Miniboote daraus. Binsen gedeihen in Feuchtgebieten und Heidemooren, aber auch an Bächen und Teichen; das sehr saugfähige, leichte Mark im Innern der Stengel macht sie zugleich schwimmfähig und stabil. Die Kinder banden und flochten Binsen zu kleinen floßähnlichen Booten zusammen, die sie auf Abenteuerfahrt auf dem schnell fließenden Bach aussetzten. Sie rannten am Ufer mit, folgten ihren Booten auf ihrer gefährlichen Reise und halfen ihnen bei Hindernissen weiter. Fertigen Sie mehrere kleine Boote für eine Regatta auf einem Bach. Wie weit schaffen sie es? Überstehen sie Stromschnellen und finden sie ihren Weg durch die Felsen?

BOOTE AUS TREIBGUT

Schiffe zu bauen ist eine großartige Beschäftigung für einen Familienurlaub; alle Altersgruppen werden ihren Spaß daran haben. Suchen Sie dazu das Treibgut am Strand nach Plastik und Treibholz ab. Es können alle zusammenarbeiten, um aus den verfügbaren Materialien ein schwimmfähiges Boot zu konstruieren und anschließend auf Expeditionsfahrt zu schicken. Oder vielleicht möchte jeder sein eigenes Boot bauen. Am Ende des Urlaubs können Sie sie dann vom Stapel lassen, um herauszufinden, wessen Boot sich am längsten über Wasser hält oder am weitesten schwimmt.

Treibgutboote kann man auch daheim bauen. Unter den Strandschätzen, die in unserem Sandkasten verstreut lagen, fanden die Kinder einen Haufen Muscheln. Daraus wurden Boote, die sich auf eine gefahrvolle Reise im Gartenteich begaben. Nachdem die Kinder herausgefunden hatten, welche Muscheln am besten schwammen, beluden sie die Muschelboote mit kleineren Muscheln, um herauszufinden, wie viel Ladung sie tragen konnten, bevor sie untergingen.

ZU HAUSE BOOTE BAUEN

Ein paar Kinder beschlossen, aus vielfältigen Materialien kleine Schiffe zu bauen. Sie prüften die Seetaug-

lichkeit der Boote im Planschbecken, bevor sie sie auf eine richtige Abenteuerfahrt im nahen Bach mitnahmen – und sie redeten sich über die Schwimmfähigkeit jedes einzelnen Boots die Köpfe heiß.

- Jedes Kind entscheidet selbst, wie es sein Boot bauen will. Korken etwa schwimmen gut und eignen sich als Baustoff für unsinkbare Boote.

- Das Grundgerüst kann verziert und vielleicht mit einer Feder oder einem Blatt an einem Cocktailspieß als Segel bestückt werden.

- Die Kinder können mit verschiedensten natürlichen Materialien experimentieren, um herauszufinden, welche von ihnen schwimmen. Jos Kinder entdeckten, dass hohle Pflanzenstengel sehr gut schwimmen; sie banden sie mit Gras zu kleinen Flößen zusammen.

- Das Aussetzen der Boote auf einem Bach ist der Härtetest: Werden sie der Strömung standhalten? Die meisten der auf der nächsten Seite abgebildeten Boote erwiesen sich als sehr seetüchtig und überstanden gar eine grimmige Schlacht zwischen zwei Kriegsflotten.

SCHWIMMENDE BLÄTTER

Beim Spielen an einem Bach sammelten die Kinder Blätter und setzten sie aufs Wasser, um zu sehen, welches am besten schwamm. Es gab Regatten und Prüfungen für jedes Blatt, und Vergleiche wurden angestellt zwischen den robusten, wächsernen und den weicheren Blättern. Mit ein wenig erwachsener Hilfe entstand eine Wasserschlange aus Blättern, die mit einem Faden zusammengebunden waren (siehe Bild links oben). Auch mit Gras oder Dornen lassen sich Blätter verbinden. Basteln Sie eine lange Schlange und beobachten Sie, wie sie stromabwärts getragen wird.

DAS BRAUCHEN SIE

- Viele Korken
- Federn und Blätter als Segel
- Hohle Pflanzenstengel (z. B. von Doldengewächsen)
- Andere natürliche Materialien wie Zweige, Rindenstücke, Mohnkapseln und einige Blumen
- Cocktailspieße, Kleber und Knetmasse, um die Einzelteile zusammenzufügen

SICHERHEITSTIPPS

- Am Wasser sollten Kinder immer beaufsichtigt werden.
- Es empfiehlt sich, Boote nur auf sehr seichten Teichen oder Bächen auszusetzen.

STRAND UND UFER IM JAHRESLAUF

»Strand« verbindet man gewöhnlich mit heißen, faulen Tagen, die man mit Sonnenbaden und Schwimmen im Meer verbringt. Kinder lieben aber Küsten und Flussufer zu jeder Jahreszeit; sie bauen auch fröhlich Sandburgen im Regen, rennen am Strand oder Flussufer durch den Schnee oder spielen im Schlick. Vorausgesetzt, sie sind warm eingepackt, genießen die Kinder die Nähe zum Wasser bei jedem Wetter.

Bei einem Winterspaziergang am Strand oder Flussufer kann man Treibholz sammeln und sich eine geschützte Stelle suchen, um auf einem Feuer süßen Tee oder heiße Schokolade zu kochen. Generell sollte vom Feuermachen in freier Natur abgesehen werden, besonders in Dürreperioden, aber an Kies- oder Sandstränden kann man relativ risikolos mit Treibholz ein kleines Feuer entzünden. Das sollte auf einem Felsen oder in einem Ring aus Steinen geschehen, sodass das Feuer sich nicht ausbreiten kann (siehe Seite 187).

BLEISTIFTE AUS KOHLE

Auf einem Ausflug an ein steiniges Flussufer zündeten wir ein Feuer an, um Wasser für ein dringend benötigtes heißes Getränk zu kochen. Nachdem die Kinder eine Weile mit langen dünnen Stöcken in der Asche am Rand des Feuers herumgestochert hatten, kam jemand auf die Idee, die verkohlten Stöcke als Bleistifte zu benutzen. Das war der Beginn eines lustigen Spiels, bei dem wir Kohlestifte anfertigten, um Bilder und Muster auf die Felsen zu malen.

MEERESMOBILES

Bei einem Spaziergang zu einem wilden, windgepeitschten Strand sammelten die Kinder Treibholz und eine Kollektion aus Muscheln, Federn und anderen Gegenständen. Sie bestanden darauf, diese Andenken mit nach Hause zu nehmen und ihre Lieblingsstücke als Meeresmobile an Treibholz aufzuhängen. Solche natürlichen Schätze können zu jeder Zeit des Jahres am Strand gesammelt und für vielfältige kreative Tätigkeiten verwendet werden.

SICHERHEITSTIPPS

- Warten Sie, bis genug heiße Asche entstanden ist, bevor Sie die Kinder die Kohlestifte machen lassen.
- Beaufsichtigen Sie die Kinder in der Nähe des Feuers.
- Am Schluss sollten Sie dafür sorgen, dass die Asche vollständig erkaltet ist und Sie den Platz so verlassen, wie Sie ihn vorgefunden haben.

FREILUFT-PARTYS

Die langen Abende und die Wärme machen den Sommer zur Freiluft-Jahreszeit schlechthin. Dennoch kann man das ganze Jahr über draußen Feste feiern – vorausgesetzt, alle sind auf die Wetterverhältnisse vorbereitet und willens, es auszuprobieren. Bei einer von Jakes Freiluft-Partys begann es, wie aus Kübeln zu gießen, aber die Jungen ließen sich davon nicht beeindrucken. Sie setzten ihre Spiele fort und erzählten sich später Geschichten unter einem improvisierten Unterstand. Alle unterhielten sich sehr gut – trotz des Wetters.

Ein Junge hatte im Winter Geburtstag und sollte von seinen Eltern für teures Geld eine organisierte Party bekommen, doch was er sich wirklich wünschte, war ein wildes Fest draußen im Wald. Und so schenkten sie ihm einen Nachmittag mit Spurensuche, Seilschaukeln zwischen den Bäumen und Marshmallowgrillen über dem Feuer. Die Jungen hatten ihren Spaß am Herumtoben und Dampfablassen, und das Geburtstagskind ersparte seinen Eltern die großen Ausgaben. Kinder bewegen sich liebend gern mit ihren Freunden in freier Natur – viele der in diesem Buch beschriebenen Aktivitäten eignen sich übrigens sehr gut für solche Kinderpartys.

Eine Freundin beschloss, ihren vierzigsten Geburtstag mit einer großen Party auf einem Picknickplatz in einem nahen Wald zu feiern. Viele Familien kamen mit ihren Picknickdecken, Essen und Wein, Bällen und Frisbees. Die Kinder spielten fröhlich unter den umstehenden Bäumen: Einige bauten Verstecke, andere kletterten auf die Bäume, spielten Verstecken, bliesen Seifenblasen oder malten sich gegenseitig das Gesicht an.

Damit Feste in freier Natur gelingen, ist es nur wichtig, einen Ort zu wählen, an dem sich weder Tiere noch andere Leute von einer Menge schnatternder Erwachsener und aufgedrehter Kinder gestört fühlen.

PARTYIDEEN

Hier folgen einige Vorschläge für andere Arten von Partys. Feste im Dunkeln werden im nächsten Kapitel beschrieben (siehe Seite 168).

Familienspaziergänge Sich mit einer Horde Freunde oder Verwandter zu einem Spaziergang zu treffen, kann an sich schon ein gelungenes Fest sein. Kinder laufen und toben gern mit ihren Freunden herum, besonders wenn der Weg Abwechslung bietet. Im Sommer könnte man anschließend picknicken oder grillen, im Winter anschließend zu Hause Tee trinken und Kuchen essen.

Party im Naturpark Die Tochter einer Freundin feierte mehrere Geburtstage in einem Naturschutzgebiet am Rand der kleinen Stadt, in der die Familie lebt. Die Mädchen versuchten sich im Fischen (siehe Seite 42), sammelten Farben (Seite 74), spielten Blindekuh (Seite 147) und gingen auf Schatzsuche (Seite 150).

Spurenleserpartys Sie sind immer sehr beliebt, müssen aber gut organisiert und betreut werden. Die Kinder müssen paarweise zusammenbleiben und dürfen sich nicht vom Weg entfernen (siehe Seite 126).

Expeditionspartys Packen Sie Proviant für alle ein und schicken Sie die Kinder auf eine Expedition, um etwas Bestimmtes im Wald zu suchen. Behalten Sie sie im Auge – vielleicht lauern Sie ihnen dann auf, wenn sie es am wenigsten erwarten!

Feenpartys Mädchen finden oft an Feenpartys Gefallen. Bestäuben Sie Steine mit Glitter und legen Sie damit eine Fährte durch den Wald, der die Kinder folgen müssen. Vielleicht endet die Spur auf einer Lichtung, wo ein Puppenteeservice für die Feenparty gedeckt ist. Einige der Spiele und Aktivitäten in diesem Buch könnten an das Feenthema angepasst werden. Vielleicht wollen die Kinder auch auf Schatzsuche gehen und Feentassen, -essen und -kleider suchen oder einen Miniaturfeengarten anlegen (siehe Seite 71).

SICHERHEITSTIPPS

- Beim Aufenthalt mit größeren Kindergruppen in der freien Natur oder in einem Park müssen die Kinder immer wissen, wer für sie verantwortlich ist und wie sie sich verhalten sollen.
- Vereinbaren Sie einen Treffpunkt.
- Bei Spielen, bei denen die Gruppe sich verstreut, sollen die Kinder jeweils paarweise zusammenbleiben.
- Generell darf im Freien kein Feuer gemacht werden (das in diesem Kapitel erwähnte Feuer machten wir auf dem Grundstück eines Freundes). Tipps für die sehr seltenen Gelegenheiten, bei denen ein Lagerfeuer erlaubt ist, finden Sie unter den Sicherheitsregeln auf Seite 187.

IM DUNKELN

SPASS NACH EINBRUCH DER DUNKELHEIT

Zur Feier ihres zehnten Geburtstags wünschten Edward und Jake sich eine Nachtexpedition mit Übernachtung im Freien. Das mag nicht nach dem klingen, was sich die meisten Leute unter einer Kinderparty vorstellen – besonders da beide Geburtstage in den Dezember fallen. Aber nachdem wir in einem nahen Naturschutzpark eine Unterkunft entdeckt hatten, die ein Dach über dem Kopf bot, rückte das Vorhaben plötzlich in den Bereich des Möglichen, und so wurden Pläne geschmiedet für eine der erfolgreichsten und unvergesslichsten Partys, die unsere Söhne je hatten.

Zwölf aufgeregte Jungen und einige Erwachsene versammelten sich etwa drei Kilometer von der Unterkunft entfernt, als gerade die Dämmerung hereinbrach. Die Kinder knipsten hektisch ihre Taschenlampen an und aus und riefen einander beim Namen; für viele von ihnen war das eine völlig neue Erfahrung. Sobald wir tief im Wald waren, mussten die Jungen ruhig sein und die Taschenlampen ausmachen. Bald hörten sie Käuzchen rufen und geheimnisvolles Rascheln im Unterholz, und als sich ihre Augen an die Dunkelheit gewöhnt hatten, entdeckten sie, dass sie bleiche Baumstämme und den kreideweißen Pfad vor sich erkennen konnten.

Als wir aus dem Wald auf eine offene Wiese traten, ermunterten wir die Kinder, sich Zeit zu lassen, um zu schauen und zu lauschen. Ein scharfsichtiger Junge entdeckte etwas im Gras, das schwach schimmerte, dann sahen auch wir anderen die kleinen leuchtenden Linien. Wir konnten eines der leuchtenden Objekte fangen und identifizierten es im Licht der Taschenlampe als Tausendfüßler. Bei näherem Hinsehen erkannten wir, dass es nicht der Tausendfüßler selbst war, der leuchtete, sondern die schleimige Spur, die er abgesondert hatte. Als wir die Unterkunft erreichten, liefen die Jungen zum Parkwächter und erzählten ihm von unserem Fund. Fasziniert erfuhren sie, dass er die genaue Art noch nicht hatte ermitteln können, obwohl er von den Tausendfüßlern und ihren seltsamen leuchtenden Absonderungen wusste.

Die Jungen erinnern sich noch heute gut an diese aufregenden Stunden – den Spaziergang durch den dunklen Wald, das Grillen der Marshmallows über dem Feuer, die albernen Partyspiele und die Entdeckung der Tausendfüßler und ihrer Leuchtspur. Solche Expeditionen in der Nacht sind ein größeres Unterfangen, aber schon ein einfacher Nachtspaziergang ohne Taschenlampen kann zum Abenteuer werden. Die Nacht verwandelt die Natur in einen ganz ungewohnten Ort – für einige Kinder aufregend und voller Entdeckungen, für andere unheimlich und erschreckend. Und doch ist die Dunkelheit nichts, wovor man sich fürchten müsste; je mehr von ihren Geheimnissen die Kinder entdecken, desto weniger werden sie ihnen Angst einflößen.

In einer warmen Sommernacht kann man Motten durch die Luft schießen sehen, und das Meer leuchtet schaurig-schön phosphoreszierend. Die Kinder merken vielleicht, dass der Verlust des Sehvermögens die Geräusche der Nacht zu vervielfachen scheint – das Quaken der Frösche, Zirpen der Grillen, Rufen der Käuzchen, Bellen der Füchse oder das melodische Singen der Nachtigall. Und sie entdecken, dass die Dunkelheit ebenso unterschiedliche Schattierungen hat wie das Licht: Es gibt eine Dunkelheit, in der die verblüffende Helligkeit des Mondes Schatten wirft, eine mondlose Dunkelheit, in der die Sterne heller strahlen, und die dumpfe Dunkelheit einer feuchten, nebligen Nacht, die alle Geräusche dämpft und die Welt scheinbar ganz klein werden lässt.

Die meisten Kinder haben kaum Gelegenheit, »echte«, tiefe Dunkelheit zu erleben, denn in Städten und in dichter bewohntem Gebiet entkommt man kaum dem Schein der Lichter und Straßenlampen. Dunkelheit gilt allgemein als etwas, das unbekannte Gefahren birgt und das man meiden muss. Doch ein gut organisierter Nachtausflug in die freie Natur kann eine fesselnde Erfahrung sein, und wenn die Augen der Kinder sich erst einmal an die Dunkelheit gewöhnt haben, wird Spannung an die Stelle der Angst treten. Es lohnt sich, die Natur im Dunkeln zu erforschen – und wenn Sie dabei nur herausfinden, welche Lebewesen nachts Ihren Garten besuchen. Bleiben Sie nah beieinander und seien Sie darauf vorbereitet, dass sich ein paar Kinder fürchten könnten (besonders aufsässige Kinder, die Angst vor der Dunkelheit haben, werden dann ganz zahm!). Die hier beschriebenen Aktivitäten sollen dazu beitragen, dass sich die Kinder vor der Dunkelheit weniger fürchten, dass sie Freude an den Geheimnissen der Nacht finden und erkennen, auf welch unterschiedliche Art und Weise die Tiere der Nacht an die Dunkelheit angepasst sind.

NACHTSPAZIERGÄNGE

Nachtspaziergänge können zu jeder Zeit des Jahres viel Spaß machen, sind aber am aufregendsten im Frühling und Sommer. Im Frühling, wenn der Pflanzenbewuchs noch nicht sehr dicht ist, stehen die Chancen besser, Tiere beobachten zu können; dann versteckt man sich am besten im Wald, um nach Fuchs- und Dachsfamilien Ausschau zu halten. Auf einem Spaziergang in einer windstillen Sommernacht andererseits begegnet man vielleicht einigen geheimnisvollen und faszinierenden fliegenden Säugetieren: Fledermäusen.

Im Sommer kann man mehr Lebewesen entdecken als sonst. Auf dem Heimweg von einem spektakulären Feuerwerk beschlossen wir in einer warmen Julinacht, in unserem Lieblingsnaturschutzgebiet einen späten Spaziergang zu machen. Als wir über die dunklen Hügel streiften, entdeckten wir einen grünen Lichtpunkt im Gras. Dann sahen wir mehr und mehr davon, bis wir umgeben waren von Hunderten winziger Lichter. Ich nahm eines von ihnen auf und zeigte den Jungen das käferähnliche Glühwürmchen, das mit der Unterseite seines Hinterleibs meine Handfläche in ein unheimliches grünes Licht tauchte; alle rundherum machten große Augen und starrten erstaunt auf das kleine Geschöpf. Ich erklärte ihnen, dass dies ein flugunfähiges Weibchen war, das mit seinem Licht ein geflügeltes Männchen anzulocken versuchte. Glühwürmchen leben in naturbelassenen Wiesen und senden in warmen, trockenen Sommernächten etwa zwei Stunden nach Einbruch der Dunkelheit ihr Licht aus.

EINEN NACHTSPAZIERGANG VORBEREITEN

Obwohl Nachtspaziergänge durch die freie Natur dunkler und wilder sind, kann sich auch ein Gang durch die nächtliche Stadt lohnen. Viele Säugetiere leben in den Parks und Gärten der Städte.

Die Route planen Es ist leicht, sich im Dunkeln zu verirren, daher sollten Sie sich mit Kindern nachts nur auf Routen bewegen, die Ihnen vertraut sind. Der Weg muss gar nicht lang sein, sollte den Kindern aber das Gefühl geben, dass sie sich in freier Natur oder zumindest außerhalb der Reichweite von Straßenlampen befinden. Sogar ein wohlbekannter Pfad wird in der Nacht aufregend und neu wirken, und ein vertrauter Anblick sieht im Dunkeln anders aus, wenn die Lichter der Städte und Dörfer rundherum blinken und der Mond am schwarzen Himmel aufgeht.

Den Weg markieren Wenn genug Zeit bleibt, kann jemand im Voraus die Strecke abgehen und sie mit Kreidepfeilen markieren – den Kindern wird es Spaß machen, mit ihren Taschenlampen danach zu suchen. Alternativ könnten Sie eine Spur mit Leuchtstäben legen, wie es sie in gut sortierten Spielzeugläden gibt.

Gutes Timing Wenn Sie in der Dämmerung aufbrechen, werden Sie sehen und hören, wie die Tiere ihr Tagesversteck verlassen und die »Nachtschicht« antreten.

Passende Kleidung Tragen Sie dunkle Kleidung, die nicht raschelt. Die Spannung lässt sich noch steigern, wenn die Kinder ihre Gesichter zur Tarnung mit Kohle

oder Schlamm bemalen. Ziehen Sie Schuhe mit weichen Sohlen an, sodass man die Schritte nicht hört; noch besser ist es, die Kinder eine Weile barfuß gehen zu lassen, sofern sie sich dabei nicht verletzen können.

Nachtlicht Rotes Zellophan über der Taschenlampe verhindert, dass Tiere das Licht sehen.

AUF DEM SPAZIERGANG

Auf Nachtsicht schalten Ermuntern Sie die Kinder, beim Gehen ihre Taschenlampen ausgeschaltet zu lassen. Sobald sich ihre Augen an die Dunkelheit gewöhnt haben, werden sie erstaunt sein, wie viel sie sehen.

Nachtkäfer und -insekten Welche Lebewesen sind nachts unterwegs? Kleine Taschenlampen kommen gelegen, um Bereiche auszuleuchten, die sonst nicht zugänglich sind – nehmen Sie einen alten Baumstumpf oder einen Ameisenhaufen in Augenschein oder suchen Sie einen Baumstamm oder Stein ab. Denken Sie daran, alle Baumstämme und Steine wieder so zurückzulassen, wie Sie sie vorgefunden haben.

Lauschangriff Stellen Sie eine Laterne mitten auf einer Waldlichtung oder in offenem Gelände auf den Boden und lassen Sie die Kinder an einem Ort ihrer Wahl Platz nehmen, von dem aus sie die Laterne sehen können. Lassen Sie sie mindestens fünf Minuten stillsitzen und den Stimmen der Nacht lauschen; dann rufen Sie alle wieder zurück zur Laterne und lassen sich im Kreis darum herum setzen, um zu berichten, wer was gehört hat.

Stern- und Mondgucken Nehmen Sie sich Zeit, an einem Ort möglichst weit entfernt von den Lichtern der Zivilisation den Nachthimmel zu beobachten. Im Urlaub weit draußen auf dem Land offenbarte uns ein Nachtspaziergang mehr Sterne, als Hannah und Edward sich jemals hatten vorstellen können – Sterne über Sterne in einer klaren Nacht an einem gewaltigen Himmelszelt, das nirgends zu enden schien. Suchen Sie ein offenes Gelände auf, wo der Boden trocken ist, und fordern Sie alle auf, sich wie die Speichen eines Rades hinzulegen – mit den Köpfen in der Mitte. Alle liegen ganz ruhig da, blicken hoch zu den Sternen und lauschen den Geräuschen der Nacht. Geben Sie ein Fernglas herum, um die Sternbilder noch besser zu sehen oder die Oberfläche des Mondes zu betrachten.

DAS BRAUCHEN SIE

- Dunkle Kleidung, die nicht raschelt, und Schuhwerk mit weichen Sohlen
- Körperfarbe
- Einige Taschenlampen und Ersatzbatterien. Teelichter in Marmeladengläsern ergeben einfache selbstgemachte Laternen; als Griff befestigen Sie ein Stück Schnur oben am Glas und wickeln es fest um den oberen Rand.
- Fernglas zum Stern- oder Mondgucken
- Proviant und Thermoskannen mit warmen Getränken

SICHERHEITSTIPPS

- Sorgen Sie dafür, dass alle zusammenbleiben.
- Die Kinder sollen sich langsam und vorsichtig bewegen, damit sie nicht über unsichtbare Hindernisse stolpern.
- Es sollte je ein Erwachsener am Kopf und am Ende der Gruppe gehen.
- Geben Sie allen Kindern eine fluoreszierende Armbinde oder bringen Sie Leuchtstäbe an ihrer Kleidung an.
- Fordern Sie die Kinder auf, paarweise zusammenzubleiben.
- Kinder, die Laternen mit brennenden Teelichtern tragen, sollten nicht aus den Augen gelassen werden.

DER STRAND BEI NACHT

Die meisten Familien machen irgendwann Urlaub am Meer, aber wie viele von ihnen nutzen die Gelegenheit für einen Strandbesuch nach Einbruch der Dunkelheit? Ein nächtlicher Besuch an einem ruhigen Strand ist ein richtiges Abenteuer. Das Geräusch der Wellen wirkt lauter und eindringlicher, und mitunter ist die Tintenschwärze des Meeres gesprenkelt mit phosphoreszierenden Flecken. Als Freunde der Familie sich nachts an ihren Lieblingsstrand wagten, waren sie erstaunt, eine Reihe flackernder Lichter im Sand glühen zu sehen, die bis zum Meer hinunter führte. Als sie sich den Lichtern näherten, sahen sie, dass es Teelichter in Löchern im Sand waren. Irgendjemand hatte viel Zeit darauf verwandt, die Löcher auszuheben, um einen magischen Lichtpfad zu schaffen.

DAS BRAUCHEN SIE

- Teelichter/Schwimmkerzen und Streichhölzer
- Spaten und Kelle
- Marmeladengläser

SICHERHEITSTIPPS

- Kinder, die abends am Strand spielen, müssen immer von Erwachsenen beaufsichtigt werden.
- Achten Sie auf die Flut; die Kinder sind sich nachts der Bewegung des Meeres nicht bewusst. Werfen Sie einen Blick auf die Gezeitentafel, bevor Sie losgehen, und wählen Sie einen Abend, an dem Ebbe ist.
- Beaufsichtigen Sie Kinder, die in der Nähe von Teelichtern oder Schwimmkerzen spielen.

Für den Rest des Urlaubs wollten die Kinder jeden Abend an diesen Strand zurück. Sie nahmen immer eine Tüte mit Teelichtern oder Schwimmkerzen mit. Der Bau von Sandburgen, Kieselhäusern und Bassins bekam bei Dunkelheit eine neue Dimension. Alle Aktivitäten auf den nächsten Seiten empfehlen sich vor allem bei Windstille: Denn wenn der Wind ständig die Kerzen ausbläst, verlieren die Kinder schnell das Interesse.

LEUCHTENDE SANDLÖCHER

- Graben Sie die Löcher unterhalb der Flutgrenze in den Sand – im feuchten Sand halten sie besser.
- Machen Sie die Löcher so tief Sie können (aber wiederum nicht so tief, dass sie einstürzen oder sich mit Wasser füllen). Glätten Sie die Wände mit einem kleinen Spaten oder einer Kelle.
- Legen Sie mit den Löchern einen Weg, der über den Strand zum Wasser hinunter und zu Ihrem Picknickplatz führt. Oder Sie bilden mit den Löchern ein Muster, vielleicht einen Kreis oder sogar ein Wort.
- Stellen Sie in jedes Loch ein Teelicht; kleine Marmeladengläser schützen die Teelichter und halten sie trocken.
- Laden Sie ein paar Freunde zu sich an den Strand ein und sehen Sie ihre Überraschung und Freude, wenn sie von der leuchtenden Fährte begrüßt werden.

WEITERE KERZENIDEEN

Mit Kerzen lassen sich am Strand noch andere Dinge tun:

Schwimmende Kerzen An einem völlig windstillen Abend erzeugen Schwimmkerzen in Gezeitentümpeln schöne Lichtspiele. Oder die Kinder graben eine Reihe kleiner Becken in sehr nassen Sand und setzen die Schwimmkerzen hinein.

Erleuchtete Sandburgen Stellen Sie sich eine Sandburg vor, die – bereit zu einem Feenball – im Lichterglanz strahlt. Wenn man aus dem feuchten, festen Sand nach dem Rückgang der Flut eine Burg baut, kann man Nischen und Ecken, Tunnel und Höhlen für

Teelichter formen. Die Kinder könnten einen Wettbewerb machen, wer das größte Zimmer in seiner Sandburg bauen kann, und bei Einbruch der Dämmerung den ganzen Raum mit Teelichtern erleuchten. Solch ein Bauvorhaben erfordert Zeit und ziemlich viel Geduld und kann einen ganzen Nachmittag in Anspruch nehmen, an den sich dann eine abendliche Strandparty anschließt – komplett mit festlichem Kerzenlicht und Picknick.

Erleuchteter Steinhaufen Bei einem Ausflug errichteten die Kinder an ihrem Lieblingsplatz am Strand eine Reihe von hohlen Steinhaufen nah beieinander und erzeugten einen verblüffenden Effekt, indem sie Teelichter in kleinen Marmeladengläsern in die Steinhaufen stellten. Versuchen Sie es auch einmal mit anderen hohlen Bauwerken.

SCHIFFCHEN MIT TEELICHTERN

Für Freunde unserer Familie ist es zur Tradition geworden, Teelichtschiffchen zu bauen – egal, wo sie im Urlaub sind. Jedes Familienmitglied sammelt Material und baut sein eigenes Schiffchen. Da wird viel geplant und entworfen, während langsam alle Einzelteile zusammenkommen und im Geheimen alle möglichen Boote entstehen. Am letzten Abend des Urlaubs steigt der festliche Stapellauf an der nächsten geeigneten Wasserfläche – sei es ein Gezeitentümpel, ein Teich, ein Bach oder ein Swimmingpool. Die Schiffchen werden am Ufer aufgereiht und mit je einem brennenden Teelicht versehen, bevor sie sanft aufs Wasser geschoben werden.

Jeder beobachtet dann eifrig, wessen Bötchen am längsten oder weitesten schwimmt und welches in Flammen aufgeht.

- Sie können die Schiffchen aus natürlichem Material und Fundsachen bauen. Verwenden Sie Treibholz und Plastik, das an den Strand gespült wurde, Zweige und Rinde aus dem Wald oder Saftkartons und Korken, die von einem Picknick übrig geblieben sind (weitere Ideen siehe Seite 159).

- Jede Konstruktion ist erlaubt, solange die Schiffchen mit einem Teelicht noch schwimmen können.

- Suchen Sie für den Stapellauf eine Stelle, an der Sie leichten Zugang zum Wasser haben – vielleicht einen Gezeitentümpel am Strand oder einen Teich mit flacher Uferböschung.

- Wählen Sie einen sehr windstillen Abend für den Stapellauf der Boote, da die leichteste Brise schon ausreicht, um die Teelichter auszublasen. Am besten konstruieren Sie die Schiffchen mit hohen Bordwänden – das schützt die Teelichter ein wenig besser vor Wind.

- Denken Sie daran, nach dem Stapellauf alle Boote und Teelichter wieder einzusammeln.

DAS BRAUCHEN SIE

Sie brauchen nichts mitzunehmen. Im Urlaub stehen Ihnen ohnehin nur beschränkt Hilfsmittel zur Verfügung – das bedeutet, dass jeder auf seinen Erfindergeist angewiesen ist.

SICHERHEITSTIPP

Kinder müssen beaufsichtigt werden, wenn sie mit Teelichtern und in der Nähe von Wasser spielen.

HALLOWEEN

Halloween, der 31. Oktober, wird heute von Spukgestalten und um Süßigkeiten bettelnden Kindern dominiert. In der Vergangenheit markierte dieses Datum jedoch das Ende der Ernte im Herbst und das Herannahen des Winters. Der erste Tag im November war das keltische Neujahr, und die Feiern begannen in der Abenddämmerung des letzten Oktobertages, wenn die Dorfbewohner das Beste der Ernte fürs Fest zusammentrugen. Man glaubte, dass sich in der Nacht vor dem neuen Jahr eine Kluft zwischen der Welt der Lebenden und der Welt der Toten auftat, aus der die Geister aufstiegen. Fratzen von Geistern wurden in Rüben geschnitzt und auf die Türschwelle gelegt, um böse Geister fernzuhalten – die Vorläufer unserer heutigen Kürbislaternen.

EIN HALLOWEENFEST VORBEREITEN

Besonders magisch wird Halloween als Waldfest im Licht von Kürbislaternen, um das Ende des Herbstes und den beginnenden Winter zu feiern.

- Fertigen Sie die Kürbislaternen schon zu Hause an. Schneiden Sie von den Kürbissen mit einem scharfen Messer einen Deckel ab und höhlen Sie sie aus; legen Sie das Fruchtfleisch für Suppe oder Kuchen und die Kerne zum Rösten als nussartigen Snack beiseite.

- Als Vorlage zum Schnitzen malen die Kinder Gesichter und Muster auf die Kürbisse. Zum Schnitzen braucht man ein scharfes Messer; Kinder sollten hier nur unter erwachsener Aufsicht selbst Hand anlegen. Sorgen Sie dafür, dass die Kürbisse viele Löcher bekommen, damit die Kerzen im Inneren genug Luft zum Brennen haben.

- Wenn die Kürbislaternen fertig sind, bringen Sie in jeder mehrere Kerzen an.

- Wählen Sie einen Picknickplatz im Garten, in einem Park oder im Wald; ideal ist eine Waldlichtung mit Baumstümpfen oder -stämmen, auf denen man die Laternen abstellen kann.

- Bereiten Sie für ein wärmendes Halloweenessen vor: heiße Ofenkartoffeln, Kürbissuppe, Würste im Teig, Ofenäpfel oder Apfelkuchen und vielleicht ein paar Süßigkeiten für die Kinder, die um »Süßes oder Saures« bitten.

- Vielleicht planen Sie das Halloweenfest auch als Überraschungsparty. Schmuggeln Sie die Kürbisse im Voraus zum Picknickplatz und zünden Sie die Kerzen an. Dann gehen Sie mit den Kindern nach draußen, lassen sie wie zufällig das orangefarbene Licht der Laternen entdecken und auf einer vorbereiteten Route auf ein unerwartetes Picknick im Wald oder im Park stoßen.

- Nach dem Halloweenpicknick können die Kinder einige Spiele spielen, etwa Fühl mal, Fledermaus und Motte oder Taschenlampenspiele (siehe Seite 181).

DAS BRAUCHEN SIE

- Kürbisse in verschiedenen Größen
- Scharfes Messer
- Stifte
- Teelichter
- Proviant je nach Jahreszeit
- Äpfel an Schnüren oder Material für andere Spiele (siehe Seite 181)

SICHERHEITSTIPPS

- Überwachen Sie die Kinder gut beim Hantieren mit scharfen Messern.
- Lassen Sie Kinder nicht unbeaufsichtigt in die Nähe brennender Kerzen.
- Vorsicht mit Kerzen im Wald! Lassen Sie sie nie unbeaufsichtigt brennen und nehmen Sie alle wieder mit.
- Sorgen Sie dafür, dass die Kinder warm angezogen sind und Handschuhe und feste Schuhe tragen.

MOTTENMYSTERIEN

Wenn die Sommernacht anbricht, verlassen zahllose Motten ihr Versteck und begeben sich auf Nektar- oder Partnersuche. Ihre oft selbstmörderische Faszination für das Licht bringt es mit sich, dass sie vor Autoscheinwerfer oder durch ein offenes Fenster zu einer Lampe fliegen. Diese viel geschmähten Kreaturen werden oft als Schädlinge betrachtet, aber viele Motten sind fast genauso hübsch wie Schmetterlinge und mit ihrer raffinierten Zeichnung und dezenten Farbgebung definitiv einen Blick wert.

Die unwiderstehliche Anziehungskraft, die Licht auf Motten ausübt, macht es Kindern leicht, sie in die Falle zu locken (ohne ihnen allerdings dabei zu schaden) und ihre Geheimnisse zu ergründen. Das funktioniert am besten in einer warmen, windstillen, schwülen Sommernacht in einem Garten mit einer Lichtquelle. Dieses Vorhaben sollte nur bei trockenem Wetter und, wenn Erwachsene dabei sind, durchgeführt werden.

EINE MOTTENFALLE AUFSTELLEN

Eine solche Falle lockt Motten zu einem weißen Stück Stoff unter einer hellen Lichtquelle, erlaubt es ihnen aber auch, wieder wegzufliegen, wann immer sie möchten.

- Hängen Sie ein altes weißes Laken über eine Wäscheleine.
- Stellen Sie eine Haushaltslampe mit einer nackten Glühbirne vor das Laken.
- Nun behält man das Laken im Auge. Wie viele Motten »fliegen« auf das Licht?
- Mit einer großen, starken Taschenlampe kann man auch in freier Natur solche Mottenfallen aufstellen, um herauszufinden, ob sich die Zahl und Vielfalt der hier angelockten Motten von denen zuhause unterscheidet.

MOTTEN FANGEN

Mottenfallen kann man kaufen, aber für den Hausgebrauch können die Kinder sie auch ganz leicht selbst anfertigen.

- Schneiden Sie die obere Hälfte des Plastikbehälters mit Schere oder Messer ab.

- Nun wird der Boden des Behälters mit dem unteren Teil von zwei oder drei Eierkartons ausgelegt, dazu ein paar zerknüllte Stücke Küchenkrepp, damit die Motten sich verstecken und auch weniger leicht flüchten können.

- Das Oberteil des Plastikbehälters wird umgedreht in die untere Hälfte gesteckt. Durch diesen Trichter werden die Motten in den Behälter gleiten.

- Tragen Sie die Falle nach draußen und stellen Sie sie unter die Lichtquelle. Richten Sie das Licht so aus, dass es genau in den Trichter scheint.

- Nun lässt man die Falle ein paar Stunden draußen stehen; sobald es zu regnen beginnt, bringt man Licht und Falle ins Haus.

- Morgens öffnen Sie die Falle vorsichtig und geben die gefangenen Motten in ein Marmeladenglas oder einen durchsichtigen Plastikbehälter, indem Sie sie auf einen Pinsel krabbeln lassen. Berühren Sie sie keinesfalls, denn ihre zarten Flügel nehmen sehr leicht Schaden.

- Nach dem Begutachten der Motten setzt man sie in die Falle zurück und lässt sie in der Dämmerung wieder frei.

EINE SIRUPFALLE AUFSTELLEN

Haben Sie sich jemals gefragt, warum einige Blumen ausgerechnet nachts einen starken Duft verströmen? Sie tun das, um Motten anzulocken, die einen ausgeprägten Geruchssinn haben. Motten »fliegen« auf Sirup, der auf einen Baumstumpf oder einen Pfosten aufgetragen wurde, und während sie von ihm kosten, kann man sie im Licht der Taschenlampe betrachten.

DAS BRAUCHEN SIE

- Einen 5-Liter-Plastikbehälter (z. B. von Haushaltsreiniger), der von einem Erwachsenen sorgfältig gereinigt wurde
- Schere/scharfes Messer
- Eierkartons
- Küchenkrepp
- Haushaltslampe mit nackter Glühbirne
- Marmeladengläser/durchsichtige Plastikbehälter
- Pinsel
- Lupe und Bestimmungsbuch

SICHERHEITSTIPPS

- Lassen Sie Kinder nicht ohne Aufsicht mit elektrischem Licht hantieren.
- Verwenden Sie draußen kein elektrisches Licht, wenn es regnet oder die Luft feucht ist.

IM DUNKELN SPIELEN

Viele Kinder finden es aufregend, nach Einbruch der Dunkelheit draußen zu spielen. Zu meinen eigenen Kindheitserinnerungen gehören Spiele wie Fangen, Verstecken und Die-Erwachsenen-Bespitzeln im Licht der Taschenlampe. Aber wie viele Kinder dürfen heute schon im Dunkeln draußen spielen? Die meisten Eltern rufen ihre Kinder herein, sobald es dunkel wird.

Klassenfahrten oder Schulveranstaltungen am Abend bieten Gelegenheit, unter Aufsicht im Dunkeln zu spielen. Ebenso können aber auch die Familien mit ihren Kindern abends im Freien spannende Spiele wie Fangen oder Seilspiele spielen. Es gibt auch ruhigere Beschäftigungen, etwa den Geräuschen der Nacht zu lauschen oder im Dunkeln Gegenstände durch Berührung zu erkennen.

AUF DER JAGD

In einer dunklen Nacht führte ein mit Leuchtstäben erhellter Pfad eine Gruppe von übermütigen Jungen auf der Suche nach einem Erwachsenen, der das Opfer spielte, immer tiefer in den Wald. Die Leuchtstäbe waren so platziert, dass man immer schon den nächsten sehen konnte. Unter der strengen Auflage, immer zusammenzubleiben, warteten die schnellsten Jungen bei jedem neuen Leuchtstab, bis alle anderen aufgeschlossen hatten. Sogar das ungezogenste Kind hatte ein bisschen Angst, sich zu verirren, und die Dunkelheit schweißte die Jungen zur Gruppe zusammen. Bald entdeckten sie ihr Opfer und stürzten in heller Begeisterung darauf zu. Auf dem Rückweg nahmen sie alle Leuchtstäbe wieder mit und fanden bald andere Verwendungszwecke dafür, zum Beispiel indem sie sie wild durch die Luft warfen und wirbelten.

TASCHENLAMPENPIRSCH

Dieses Spiel erfreute sich auf einer von Jos Freiluft-Partys großer Beliebtheit. Es wurde an einem sehr dunklen Abend auf einer Waldlichtung gespielt und ermunterte die Kinder, ihre Fähigkeiten im Lauschen und Anpirschen zu nutzen, so als wären sie echte Geheimagenten.

- Ein Kind trägt eine Augenbinde und ist mit einer Taschenlampe ausgerüstet.
- Die anderen stehen in einem Kreis darum herum. Ihre Aufgabe ist es, sich an das Kind mit den verbundenen Augen anzupirschen, indem sie so leise wie möglich auf dem Bauch durchs Gras robben.

DAS BRAUCHEN SIE

Auf der Jagd

Leuchtstäbe

Taschenlampenpirsch

- Augenbinde oder Schal
- Taschenlampe

- Das Kind mit den verbundenen Augen lauscht sehr aufmerksam und leuchtet mit der Taschenlampe in die Richtung der Geräusche. Wenn das Licht auf ein sich anpirschendes Kind fällt, muss es 30 Sekunden lang stillhalten, bis es weiterrobben darf.
- Das Spiel endet, wenn das Kind mit den verbundenen Augen gefangen ist.
- Alle Kinder dürfen einmal Blindekuh sein und die Taschenlampe halten.

FLEDERMAUS UND MOTTE

Die Fledermäuse, die wir nach Einbruch der Dunkelheit umherschießen sehen, fangen ihre Beute mittels Echolot. Sie senden hochfrequente Töne aus, die von den Objekten, auf die sie treffen, zurückgeworfen werden. Diese Signale nehmen die sensiblen Ohren der Fledermäuse wahr; sie erlauben es den Tieren, sich ein sehr genaues Bild von ihrer Umgebung zu machen und Insekten zu lokalisieren. Auf Echolot basiert gewissermaßen auch dieses Spiel, bei dem ein Kind mit Augenbinde die Rolle der Fledermaus spielt und ein anderes Kind die der Motte. Obwohl das Spiel jederzeit und überall gespielt werden kann, macht es im Dunkeln mehr Spaß, wenn die Kinder vielleicht sogar ein paar echte Fledermäuse auf der Jagd nach echten Motten zu sehen bekommen.

- Ein Kind wird als Fledermaus ausgewählt und ein zweites als Motte; alle anderen stehen um sie im Kreis herum und halten sich entweder an den Händen fest oder strecken die Arme zur Seite aus.
- Die Fledermaus trägt eine Augenbinde und versucht, per Echolot die Motte zu finden, und zwar indem sie »Fledermaus« ruft. Darauf muss die Motte immer mit »Motte« antworten.
- Die Motte muss jedes Mal antworten, wenn die Fledermaus nach ihr ruft; das hilft dieser, sich ein Bild davon zu machen, wo ihre Beute zu finden ist. Je häufiger sie ruft (oder im Fall der echten Fledermaus Signale aussendet), desto mehr wird sie über den Standort der Motte erfahren, auch wenn sich diese sehr schnell bewegt.
- Um erfolgreich zu sein, muss die Fledermaus aufmerksam sein und sich sehr konzentrieren. Die Motte muss, um Erfolg zu haben, sich schnell und oft bewegen.
- Die Kinder im Kreis geben keinerlei Hilfestellung; sie helfen der Fledermaus nur, im Kreis zu bleiben. Sie müssen ganz leise sein, sodass sich Fledermaus und Motte gut hören können.
- Sobald die Fledermaus die Motte lokalisiert und gefangen hat, kommen andere Kinder an die Reihe.
- Es wird schwieriger, wenn Sie gleichzeitig zwei Motten ins Spiel bringen.

DAS BRAUCHEN SIE

Fühl mal

- Schachtel/Beutel/alte Strumpfhose
- Augenbinden, Tücher oder Schals
- Sammlung natürlicher Materialien

Seilschaften

Sehr lange, starke Seile

Sicherheitstipps

- Vor dem Spielen im Dunkeln sollten Sie die Kinder anweisen, immer nah beieinander zu bleiben.
- Vereinbaren Sie einen zentralen Treffpunkt, den Sie mit einer Laterne markieren.

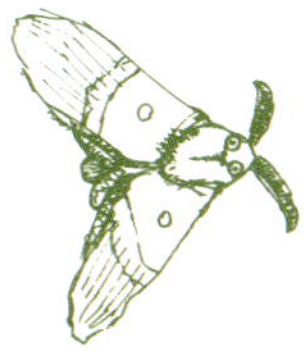

FÜHL MAL!

Stellen Sie sich vor, Sie greifen in eine Schachtel oder einen Beutel und wissen nicht, was darin auf Sie wartet. Forschend ertasten Ihre Fingerspitzen einen unbekannten Gegenstand; vielleicht ist er weich und schleimig oder rau und stachelig oder leicht und flaumig. Die einen wissen sofort, was es ist, andere haben keinen blassen Schimmer. Bei diesem Spiel geht es darum, rätselhafte natürliche Objekte nur durch den Tastsinn zu erkennen. Es kann im Dunkeln gespielt werden oder bei Tag mit Hilfe von Augenbinden.

- Sammeln Sie natürliche Materialien mit unterschiedlicher Oberfläche. Das könnten etwa Erde, Laub, ein Stück verrottendes Holz, eine Eichel, ein Stechpalmenblatt, eine Feder, Schafwolle, ein Fichtenzapfen oder ein leeres Schneckenhaus sein.

- Die Objekte kommen in Schachteln oder Beutel, sodass die Kinder sie anfassen können, ohne sie zu sehen. Als Alternative legen Sie jedes Objekt in das Bein einer alten blickdichten Strumpfhose und verknoten dieses.

- Lassen Sie die Kinder sich im Kreis hinsetzen und geben Sie jedem etwas, das es erkennen soll. Lassen Sie die Kinder zuerst beschreiben, was sie fühlen, bevor sie sagen, was es ihrer Meinung nach sein könnte. Kann jemand allein aufgrund der Beschreibung erraten, was das geheimnisvolle Ding ist?

- Auf einer Kinderparty platzierte einer der Väter eine Schachtel auf seinen Knien. Als eines der Kinder in die Schachtel langte, wurde seine Hand plötzlich von unten her von der des Vaters gepackt; das Kind sprang erschreckt auf, und alle lachten. Doch dann wollten unbedingt alle eine weitere Runde – ohne zu wissen, wann diesmal die Hand zupacken würde.

SEILSCHAFTEN

Seilspiele mit verbundenen Augen, wie sie auf Seite 149 beschrieben sind, funktionieren auch im Wald bei Nacht, wenn es so dunkel ist, dass man gar keine Augenbinden braucht. Die Fährte sollte bei Tag durch den Wald gelegt werden. Führen Sie ein langes Seil auf Hüfthöhe der Kinder durch die Bäume. Wählen Sie eine Route mit wenig oder gar keinem Gestrüpp und ohne herabhängende Äste. Dann kehren Sie nach Einbruch der Dunkelheit zurück und fordern jedes Kind, das an der Reihe ist, auf, dem Seil durch die Dunkelheit zu folgen. Ein Erwachsener sollte es am Ende der Fährte erwarten.

ANHANG

WEITERE INFORMATIONEN

Wir hoffen, dass dieses Buch dazu beiträgt, die Beziehung der Kinder zur Natur zu stärken, und möchten alle Familien dazu ermuntern, ihre Geheimnisse und Wunder zu entdecken. Die freie Natur kann aber auch unberechenbar sein, manchmal ein wenig zum Fürchten und gelegentlich gefährlich. Lassen Sie die Kinder spielen und ihre eigenen Erfahrungen machen, aber vermitteln Sie ihnen das Wissen, das sie brauchen, um sich selbst und die Umwelt zu schützen. Dieser Abschnitt gibt Ihnen Tipps, wie Sie vermeiden, selbst in Gefahr zu geraten, und was Sie zu beachten haben, um der Natur keinen Schaden zuzufügen. Außerdem finden Sie hier Hinweise auf Bücher, Organisationen und Websites zum Thema.

SICHERHEITSREGELN

Beachten Sie bei jeder Unternehmung im Freien die folgenden Sicherheitsregeln:

- Nehmen Sie ein Erste-Hilfe-Set mit, um Schnitte, Prellungen und Stiche behandeln zu können.
- Nehmen Sie eine Trillerpfeife mit. Weisen Sie die Kinder an, sofort zu Ihnen zu kommen, wenn Sie pfeifen.
- Erinnern Sie die Kinder daran, dass sie nicht mit Fremden sprechen sollen.
- Lassen Sie die Kinder nie ohne Aufsicht am Wasser spielen.
- Lassen Sie die Kinder keine scharfen Werkzeuge wie Messer oder Schere benutzen, es sei denn, es geschieht unter Aufsicht.

- Lassen Sie nicht zu, dass sich eine Gruppe Kinder zu weit zerstreut; fordern Sie sie auf, bei Aktivitäten wie dem Spurenlesen immer mit ihrem Partner zusammenzubleiben.
- Zum Schutz vor Zeckenbissen Kleidung mit langen Ärmeln und lange Hosen tragen. Die Haut mit Teebaumöl oder anderen ätherischen Ölen einreiben. Im Fall eines Zeckenbisses die Zecke mit einer Pinzette entfernen und die Bissstelle desinfizieren. Arzt aufsuchen, da Zecken gefährliche Krankheiten übertragen können.
- Sagen Sie den Kindern, dass sie niemals etwas aus der freien Natur essen sollen – es sei denn, ein sachkundiger Erwachsener hätte es ihnen erlaubt.
- Die Hände sollten nach dem Spielen draußen gewaschen werden.

DER OUTDOOR-KODEX

Wo Sie auch hingehen und was Sie auch tun, beachten Sie stets die folgenden Regeln. Sie erinnern Sie daran, wie man die Natur genießt, ohne sie zu schädigen und zu stören. Denken Sie daran: Wir sind verantwortlich für den Schutz natürlicher Lebensräume, damit sich auch künftige Generationen noch an ihnen freuen können.

- Hinterlassen Sie keinen Müll. Nehmen Sie all Ihren Abfall wieder mit nach Hause.

- Bleiben Sie möglichst auf den markierten Wegen.
- Hinterlassen Sie Tore sowie Grund und Boden so, wie Sie sie vorfinden.
- Lesen und beachten Sie Schilder und Bekanntmachungen.
- Beschädigen Sie weder Gebäude, Zäune, Hecken, Mauern noch Hinweistafeln.
- Stören Sie brütende Vögel nicht.
- Gehen Sie behutsam mit allen Tieren um, die Sie fangen. Betrachten Sie sie aufmerksam, bevor Sie sie dort wieder aussetzen, wo Sie sie herhaben.
- Wenn Sie ein Holzstück umdrehen, um nachzusehen, was darunter ist, legen Sie es danach wieder an seinen alten Platz.
- Reißen Sie niemals eine Wildpflanze mit den Wurzeln aus. Pflücken Sie nur Blumen, die weit verbreitet sind und in Hülle und Fülle vorkommen.
- Vermeiden Sie Lärm, der die Tiere stören könnte.
- Sorgen Sie dafür, dass kein Feuer ausbrechen kann.
- Lassen Sie Hunde nicht außer Sichtweite laufen.
- Denken Sie immer auch an die anderen; lassen Sie nicht zu, dass Kinder zu übermütig werden und anderen Leuten die Freude an der Natur verderben.
- VIEL SPASS!

FEUER MACHEN

Kinder sind fasziniert vom Zauber eines Lagerfeuers; um ein Feuer zu sitzen, bringt Menschen zusammen

und gibt uns das Gefühl, der Natur nahe zu sein. Doch es gibt nur wenige Gelegenheiten, zu denen man draußen Feuer machen kann. Die Feuer, die für dieses Buch fotografiert wurden, entstanden am Strand (tagsüber) oder auf dem Grund und Boden eines Freundes. Wer den Zauber eines Lagerfeuers erleben will, sollte vorausschauend planen, sich viel Zeit nehmen, sich mit jemandem zusammentun, der etwas davon versteht, und folgende Sicherheitsregeln beachten:

- Holen Sie immer die Erlaubnis des Grundbesitzers ein.
- Machen Sie niemals Feuer in Trockenperioden oder wenn es windig ist.
- Sorgen Sie dafür, dass Sie reichlich Wasser dabei haben.
- Wählen Sie eine abgelegene Stelle, an der das Feuer niemand anderen stören kann.
- Entfachen Sie das Feuer direkt auf steinigem Boden, der von offenem Gelände mit nacktem Erdboden ohne Wurzelwerk umgeben ist.
- Halten Sie das Feuer so klein wie möglich.
- Verwenden Sie nur totes Holz, das Sie vom Boden aufsammeln.
- Nachdem alles Holz zu Asche verbrannt ist, schütten Sie Wasser darauf und warten, bis sie völlig ausgekühlt ist. Zerstreuen Sie die Asche und verlassen Sie die Stelle so, wie Sie sie vorgefunden haben.

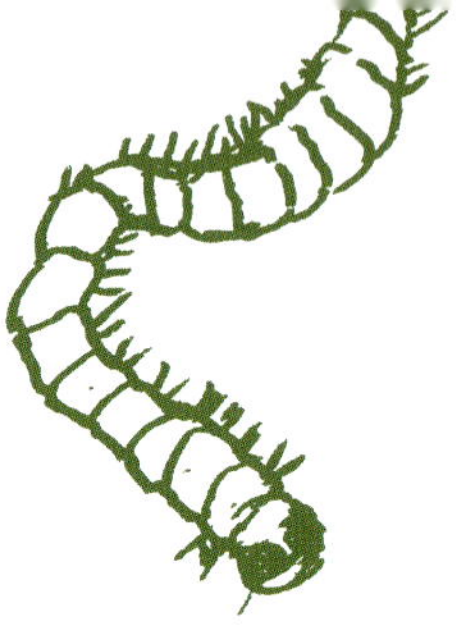

LITERATUR

Die folgenden Bücher können kleinen und großen Naturforschern als Inspirations- und Informationsquelle dienen. Viele der hier aufgeführten Titel liegen diesem Buch zugrunde.

ERZÄHLENDE LITERATUR

Geschichten können zu fantasievollen Spielen und Abenteuern inspirieren. Diese Beispiele klassischer und moderner Kinderbücher bieten Anregungen für Spiele und Aktivitäten in der freien Natur.

Burnett, Frances Hodgson: *Der geheime Garten*, München: dtv 2005

Cooling, Wendy (Hrsg.): *Earthwise. Poems About Our World*, London: Watts 2000

Dahl, Roald: *Der Zauberfinger*, Reinbek: Rowohlt 2002

Grahame, Kenneth: *Wind in den Weiden*, München: Bassermann 2004

Lewis, C.S.: *Der König von Narnia*, Wien: Ueberreuter 2002

Milne, A.A.: *Pu der Bär*, Hamburg: Dressler 1989

Nesbit, E.: *Die Eisenbahnkinder*, Hildesheim: Gerstenberg 1991

Paulsen, Gary: *Allein in der Wildnis*, Hamburg: Carlsen 2003

Pitcher, Caroline: *The Snow Whale*, London: Lincoln 1996

Ransome, Arthur: *Im Schwalbental*, Aarau: Sauerländer 1968

Rosen, Michael/Helen Oxenbury: *Wir gehen auf Bärenjagd*, Düsseldorf: Sauerländer 2006

Sendak, Maurice: *Wo die wilden Kerle wohnen*, Zürich: Diogenes 1992

Tolkien, J.R.R.: *Der Herr der Ringe*, 3 Bde., Stuttgart: Klett-Cotta 2001

SACHBÜCHER

Wenn Sie praktische Anregungen suchen, können Ihnen die folgenden Bücher bei Ihren naturkundlichen Unternehmungen weiterhelfen.

Arnold, Martina/Christoph Tillmann/Birgit Hattemer: *Löwenzahn – Tour Natur. Aktionsbuch für draußen*, München: Terzio 2005

Der große Ravensburger Naturführer. Tiere und Pflanzen unserer Heimat, Ravensburg: Ravensburger Verlag 2005

Frommherz, Andrea/Edith Biedermann: *Kinderwerkstatt Bäume. Mit Kindern die Zauberwelt der Bäume und Sträucher entdecken*, Aarau: AT Verlag 2003

Landwehr, Kerstin: *Der große Naturführer für Kinder. Entdecken, erkennen, bestimmen*, München: Compact Verlag 2007

Naturführer für Kinder, München: Dorling Kindersley (verschiedene Titel)

Oftring, Bärbel: *Die Kosmos Wald-Box*, Stuttgart: Franckh-Kosmos 2004

Stichmann-Marny, Ursula: *Mein erstes »Was blüht denn da?«. Unsere 50 wichtigsten Blumen kennen lernen*, Stuttgart: Franckh-Kosmos 2005

Tracqui, Valerie: *Ensslin Naturführer. Im Wald. Tiere, Spiele, Pflanzen, Ausrüstung,* Würzburg: Ensslin 2001

Wagner, Eva: *Natur-Aktiv-Set Auf Tour. Wald, Wiese, Berg, Küste. Erforschen & Erleben,* München: ars edition 2005 (mit Kompass)

STICHWORTVERZEICHNIS

DIE AUTORINNEN

Fiona Danks (Text) und **Jo Schofield** (Fotografie) verbindet die Freude an der Erforschung der unberührten Natur und der Glaube daran, dass man Kindern die Freiheit zu Abenteuern in der Natur geben sollte. Mit großer Leidenschaft widmen sie sich der Aufgabe, Kinder zu Erfahrungen hinzuführen, die ihnen erlauben, ihre Grenzen zu erkunden, überschaubare Risiken einzugehen und neue Fertigkeiten zu lernen, was ihnen hilft, gesunde Erwachsene mit Respekt für die natürliche Welt zu werden.

Fiona Danks ist seit langem tätig im Bereich Umwelterziehung. Sie bietet regelmäßig eine breite Auswahl an Umweltaktivitäten, Naturexkursionen und Spielaktionen in freier Natur für Kinder, Jugendliche und Erwachsene an. Ihre Bücher wurden von Eltern, Lehrerinnen und Rezensenten begeistert begrüßt.

Jo Schofield war viele Jahre als professionelle Werbe- und Pressefotografin für große Magazine in Australien und Großbritannien tätig.

Fiona Danks/
Jo Schofield
Das Buch vom Stock
Werken, Basteln und Spielen im Freien

Fiona Danks/
Jo Schofield
Wildnis erleben
Praktische Anleitungen für Outdoor-Aktivitäten mit Kindern und Jugendlichen

Fiona Danks/
Jo Schofield
Werkstatt Natur
101 Ideen zum Spielen, Gestalten und Werken in und mit der Natur

Felix Immler
Werken mit dem Taschenmesser
26 Schnitzanleitungen vom Klangstab bis zum Segelboot

Andreas Güthler/Kathrin Lacher
Naturwerkstatt Landart
Ideen für kleine und große Naturkünstler

Andreas Güthler/Kathrin Lacher
Erlebniswerkstatt Landart
Neue Naturkunstwerke für Klein und Gross

Kari Joller
Naturerfahrung mit allen Sinnen
Ein Praxisbuch mit vielen Übungen

Marc Poyet
Ideenbuch Landart
500 Inspirationen für Naturgestaltungen rund ums Jahr

Marc Poyet
Landart-Spiele in der Natur

Katharina Brändlein/Ulrike Grafberger
Naturwerkstatt Wald
Spielen, entdecken und experimentieren rund ums Jahr

Andrea Frommherz
Naturwerkstatt Steine
Kreatives Spielen und Gestalten mit Steinen

Andrea Frommherz/Edith Biedermann
Kinderwerkstatt Bäume
Mit Kindern die Zauberwelt der Bäume und Sträucher entdecken

Andrea Frommherz/Edith Günter-Biedermann
Kinderwerkstatt Zauberkräuter
Mit Kindern die Geheimnisse und Heilkräfte der Pflanzen entdecken

AT Verlag
Bahnhofstraße 41, CH-5000 Aarau
Telefon +41 (0)58 200 44 00, Fax +41 (0)58 200 44 01
info@at-verlag.ch, www.at-verlag.ch